Lecciones privadas de Stuttgart

BIBLIOTECA DE FILOSOFÍA

Títulos publicados en esta colección

Markus Gabriel *Sentido y existencia. Una ontología realista*
Bernard N. Schumacher *Muerte y mortalidad en la filosofía contemporánea*
Wilhelm G. Jacobs *Leer a Schelling*
Byung-Chul Han *Muerte y alteridad*
Dieter Thomä *Puer Robustus*
Claus Dierksmeier *Libertad cualitativa*
Byung-Chul Han *Hegel y el poder*
François Jaran *La huella del pasado*
Byung-Chul Han *Caras de la muerte*
Rafael Aragüés *Introducción a la lógica de Hegel*
César Moreno Márquez (ed.) *En torno a la inquietud*
Byung-Chul Han *El corazón de Heidegger*
Judith Shklar *Sobre la obligación política*
Alba Marín Garzón (ed.) *Platón y platonismos*
Carlos Blanco *El sentido de la libertad*
Hans Lindahl *La autoridad y la globalización de la inclusión y la exclusión*
José Luis Villacañas *Max Weber en contexto*
Luciano Floridi *Ética de la inteligencia artificial*

Friedrich W. J. Schelling

Lecciones privadas de Stuttgart

Introducción y traducción de

Juan José Rodríguez

Herder

FACULTY
OF HUMANITIES
Charles University

This work was supported by the Cooperatio Program, research area Philosophy

Título original: Stuttgarter Privatvorlesungen
Traducción: Juan José Rodríguez
Diseño de la cubierta: Herder

ISBN: 978-84-254-5158-4

Imprenta: QPPrint
Depósito legal: B-15.855-2024

Impreso en España – Printed in Spain

Herder
www.herdereditorial.com

Índice

Schelling en Stuttgart. El sistema del mundo y el anarquismo

Juan José Rodríguez

Las *Lecciones privadas de Stuttgart* que aquí presentamos al lector hispanohablante por primera vez corresponden a una serie de lecciones impartidas por Schelling ante la corte del príncipe a finales de 1810 y que han llegado hasta nosotros por transcripciones fidedignas de Giorgii, el discípulo de Schelling y luego recogidas en la versión de las obras completas de Schelling por su hijo, Karl Friedrich.

El objetivo de este estudio preliminar es introducir al público general el texto de las *Lecciones privadas de Stuttgart* de manera sinóptica y explicativa, sin que por ello falte ninguno de los elementos de interés para lectores especializados en la investigación académica sobre la filosofía de Schelling.

A nuestro juicio, el texto, muy complejo y variado en la presentación de sus temas, toca cuatro puntos de esencial importancia para comprender lo que nosotros llamamos la «metafísica intermedia» de Schelling (1804-1820), todavía relativamente inexplorada por la investigación en español,[1] a saber: el concepto de sistema y la relación del idealismo y del realismo en él; el concepto de amor y, por ende, la relación entre Dios y la naturaleza, así como entre Dios y el hombre; la caracterización de las relaciones sociales entre los hombres en tanto son mediadas por el Estado, y, *explícitamente,* una crítica de tipo anarquista al Estado que continúa en la senda del rechazo más sutil presentado en las *Investigaciones* de 1809; finalmente, una teoría sobre el espíritu y el origen del mal, por ende, una antropología y psicología que permite explicar el surgimiento y la eventual superación del mal, esto es, una fundamentación de la libertad humana. Otros temas centrales del texto, referidos a la filosofía de la naturaleza, se limitan a reiterar, con matices, lo dicho por Schelling en el período 1797-1806, de manera que remitimos al lector a las obras traducidas del período, como las *Ideas para una filosofía de la naturaleza,* de 1797, o los *Aforismos sobre la filosofía de la naturaleza,* de 1805-1806. Cabe mencionar, sin embargo, que esta será la última exposición sistemática de la filosofía de la naturaleza, la cual, si bien Schelling reivindicará hasta el final de sus días, no sufre ya ningún cambio adicional en su obra posterior.

Detengámonos, pues, en cada uno de esos cuatro grandes temas que hemos ya identificado.

1 Cf. A. Leyte, *Las épocas de Schelling*, Madrid, Akal, 1998; F. Pérez-Borbujo, *Schelling. El sistema de la libertad*, Barcelona, Herder, 2004; I. Falgueras Salinas, «Estudio introductorio», en F.W.J.Schelling, *Lecciones muniquesas para la historia de la filosofía moderna*, Málaga, Edinford, 1993, pp. 19-100.

El contexto filosófico de las *Lecciones privadas de Stuttgart*

El contexto filosófico en el que se inscriben las *Lecciones privadas de Stuttgart* tiene que ver con lo que hemos denominado la «metafísica intermedia» de Schelling (1804-1820). Esta se caracteriza por el análisis «esotérico»[2] de una serie de temas que no habían recibido una resolución sistemática satisfactoria en el sistema de la identidad de 1801-1804: el surgimiento del mundo o de lo finito a partir de lo absoluto, el estatuto ontológico de lo finito, la explicación del origen y el rol del mal, el lugar de la libertad humana en el sistema de la filosofía y, finalmente, la compatibilidad entre libertad humana y sistema racional.[3] Otros temas como el teísmo especulativo de Schelling o la atribución de personalidad a Dios, así como la vinculación entre el hombre y Dios, se inscriben también en ese marco.

La metafísica intermedia es abierta por las obras de tipo dialógico *Bruno* (1802) y *Filosofía y religión* (1804), que constituyen una saga temática centrada en el problema del surgimiento de lo finito, y, por ende, en temas centrados en la distinción ontológica entre absoluto y mundo, así como en la indagación del fundamento metafísico de todas las cosas. El escrito de 1806, *Sobre la verdadera*

2 Cf. A. White, *Schelling: An Introduction to the System of Freedom*, New Haven, Yale University Press, 1983.

3 Cf. C. Astrada, «Estudio preliminar sobre la filosofía de Schelling», en F.W.J. Schelling, *Sobre la esencia de la libertad humana y los temas con ella relacionados*, Buenos Aires, Juarez Editor, 1969; F.C. Beiser, *German Idealism. The Struggle against Subjectivism, 1781-1801*, Cambridge, Harvard University Press, 2002.

relación de la filosofía de la naturaleza con la Doctrina de la ciencia mejorada, realiza un viraje lógico-psicológico dentro de la metafísica intermedia que se mantendrá hasta las *Edades del mundo* (1811-1815), a partir del cual Schelling investiga el concepto de identidad y postula la existencia de una identidad creativa, irreductible a la posición de identidad unidad (A = A) de Fichte. La identidad creativa debe permitirnos pensar el surgimiento de algo radicalmente nuevo, que no está contenido en el principio mismo (A = B), pero esta identidad sintética solo se determina a partir de una triple equivalencia (A = X) = (B = X) siendo X aquello que no puede emerger en la identidad como tal, pero que la asienta y corrobora. Schelling llama a esta categoría «lo tercero». Esta doctrina es importante, puesto que de ella se sigue la tesis, con implicancias teóricas de largo alcance, sobre la imposibilidad de ser sí mismo. Ningún ser, ni Dios ni el hombre, puede revelarse en la exterioridad o realidad tal como él es, sino que debe hacerlo siempre «como otro» y «a través de otro», con el cual no puede luego identificarse plenamente, pagando con la identidad el precio del deseo de existir fuera de la idealidad original. El ser sí mismo se determina, pues, como otro.

Además de los elementos ontológicos en *Bruno* y en *Filosofía y religión,* y lógico-psicológicos en el escrito contra Fichte de 1806, las *Investigaciones filosóficas sobre la esencia de la libertad humana,* de 1809, y las lecciones que aquí presentamos incorporan un tercer elemento a la metafísica intermedia que es privativo de este período en cuestión —mientras que los otros se proyectan hasta la filosofía tardía de las décadas de 1830 y 1840—. Nos referimos a la dimensión antropológica del planteo de Schelling, según el cual lo absoluto se identifica progresivamente no solo con lo finito en cuanto tal, sino incluso con el hombre en tanto aquel ente por medio de cuya libertad Dios mismo puede llegar a revelarse y a existir en la realidad. El hombre es, pues, un ente enigmático y paradójico, el «ente desnudo» o lo «mero ente», como lo llama Schelling cuando niega que la esencia del hombre se reduzca a cualquiera de sus determinidades ontológicas. Pero, al mismo tiempo, es el ente que está llamado a mediar entre la naturaleza y Dios y a restablecer su conexión perdida con la caída en lo real.

Un último elemento de la metafísica intermedia que se proyecta hasta las *Edades del Mundo* versa sobre el componente fáctico y contingente que caracteriza a la existencia del mundo, a causa del cual no se puede decir, como quisiera el racionalismo desde Spinoza hasta Hegel, que el mundo consista solo en reglas, orden y medida. Como nos recuerda Schelling en el escrito sobre la libertad de 1809, siempre y en todo lugar no parece que el orden sea lo originario, sino más bien que un caos originario haya sido traído al orden (SW VII, 359-360).[4]

Hasta aquí, lo que respecta a la metafísica intermedia de Schelling. Es hora de analizar los temas que se refieren a las lecciones mismas que presentamos.

4 Las referencias remiten siempre a F.W.J. Schelling, *Schellings Sämtliche Werke*, XIV Bände, a cargo K.F.A. Schelling (ed.), Stuttgart, Cotta, 1856-1861. Las *Lecciones privadas de Stuttgart* se encuentran en el volumen VII, entre las páginas 421 y 484.

El concepto de sistema

El principio del sistema es caracterizado por Schelling como lo absoluto o la indistinción de lo real y lo ideal. Al mismo tiempo, nuestro autor elabora lo que hemos llamado una «crítica del concepto idealista de sistema». Veamos cómo esta se desarrolla.

Schelling nos propone comenzar la indagación filosófica de un «sistema del mundo», es decir, un sistema real que no se puede inventar, sino que se encuentra como ya existente previamente a cualquier pretensión sistemática de la razón humana. Así declara:

> ¿Hasta qué punto es posible un sistema? Respuesta: existía un sistema mucho antes de que el hombre pensara en crear uno: el sistema del mundo *(das System der Welt)*. Encontrarlo, pues, es la verdadera tarea. El verdadero sistema no se puede inventar; solo se puede encontrar como ya existente en sí mismo, en particular, en el entendimiento divino. (421)

Erigir un sistema de pensamiento, es decir, un sistema meramente ideal, en lugar del sistema del mundo, es una tentativa escolástica, altamente antiliberal, como ya señaló Kant en la arquitectónica de la primera *Crítica* sobre la perfección lógica del conocimiento. En contra de este concepto escolástico, Schelling declara:

> La mayoría de los sistemas filosóficos son meras obras de sus autores, bien o mal inventadas, que se comportan casi como nuestras novelas históricas (por ejemplo, el leibni-

> zianismo). Reivindicar un sistema en este sentido como el único posible es altamente antiliberal, [un intento] escolástico. (SW VII, 421)

Los requisitos del sistema del mundo según Schelling son los siguientes: 1) debe comenzar por un principio que sea al mismo tiempo un principio del todo y de cada parte; 2) nada será excluido, subordinado, suprimido de él; 3) debe tener un método de desarrollo que presuponga virtualmente todos los pasos del desenvolvimiento posteriores.

Vemos entonces cómo, para Schelling, la identidad presupone la existencia de elementos reales diferentes o diversos, y es por esto por lo que el sistema no parte de la identidad abstracta (A = A), sino precisamente de un principio de diferenciación.

Las dos unidades, es decir, la real y la ideal, son formas que no cambian nominalmente, sino esencialmente. Esta unidad significa una oposición real, o dualismo, según la cual ambos elementos tienen el mismo derecho a existir, o, lo que es lo mismo, no pueden anularse recíprocamente (422).

Schelling caracteriza a lo absoluto en sus lecciones como un «tercer término» *(das Dritte)*, en el sentido de que el principio del sistema no puede ser ni lo real ni lo ideal unilateralmente, sino la esencia originaria *(Urwesen)* propiamente dicha.

Con la presentación de esta concepción sistemática, Schelling niega que solo el Yo —en el sentido de Fichte— sea para sí mismo, como principio subjetivo y generativo. La naturaleza también es para sí misma, como afirma más adelante:

> Fichte saca la conclusión: nada existe salvo lo que es para sí. Ahora solo el yo es para sí. Por lo tanto, etc. Ahora bien, yo niego la cláusula subordinada. Pues el sujeto y el objeto son la forma general tanto en la materia como en el yo. (423)

Schelling niega así, por decirlo técnicamente, que solo el yo sea para-sí, que solo la subjetividad humana tenga una estructura reflexiva de autoconocimiento y autoproducción de sí.

El «panteísmo dinámico»

Nuestro autor diferencia al sistema del mundo y a la concepción de Dios que de él se sigue por lo siguiente.

Los sistemas dogmáticos o idealistas solo traen a Dios *a posteriori*. La teología también toma a Dios como un objeto particular o aislado, y hace una ciencia especial de él. Solo la filosofía de Schelling —siguiendo en este punto a Spinoza— considera a Dios como el más alto fundamento explicativo de todas las cosas.

En este sentido, nos dice que la idea de Dios es el presupuesto y el resultado de la filosofía, pero su prueba no debe exigirse al principio, sino al final, porque requiere el desarrollo del sistema.

El desarrollo del sistema del mundo implica un movimiento o despliegue real y no solo un desarrollo lógico-ideal del principio, como sostendrá unos años más tarde Hegel en su *Ciencia de la lógica* (1812-1816). Por ello, el sistema del mundo incluye no solo el camino de la conciencia, sino también el camino recorrido, por así decir, por el propio mundo: «entonces toda la filosofía no es más que una manifestación, es decir, una prueba continua de Dios» (423).

Este punto sobre la diferencia entre el movimiento real y el meramente lógico introduce una diferencia entre el mero concepto de la esencia originaria y su esencia real y viva. El punto anterior conduce a Schelling, a su vez, a elaborar la diferencia entre lo Absoluto en la medida en que solo contiene un principio subjetivo o ideal —lo en sí o la esencia— y lo Absoluto como principio objetivo y real que se objetiva fuera de sí o en el dominio de la existencia:

> [la esencia originaria] debe revelarse como tal, actualizarse, debe mostrarse también en la existencia como aquella que es en esencia la identidad absoluta de lo real y lo ideal. Ahora, sin embargo, todo puede revelarse solo en su contrario (424).

Recordemos que una esencia objetiva únicamente puede revelarse gracias a una separación de principios, solo en su opuesto. Anteriormente, en *Filosofía y religión*, de 1804, así como en el escrito contra Fichte de 1806, Schelling había presentado una teoría sobre el sí mismo y el ser otro que podemos resumir en la sentencia según la cual es imposible ser sí mismo en cuanto tal, puesto que la identidad requiere la exteriorización de lo ideal en otro que posteriormente ya no se reconoce como lo ideal originario (SW VI, 44-46; VII, 54-58). Podemos denominar a esta teoría «la objetivación del absoluto ideal en lo real como contraimagen». Esta implica la defensa de un tránsito a lo real como generación de un segundo absoluto, que no se encuentra en una relación de derivación con lo ideal, sino que se genera copiando la mera forma de este último (424).

Como decimos, un ser real solo puede revelarse en su contrario, de modo que esta teoría continúa el tema de la imposibilidad del ser en sí mismo, iniciada entre 1804 y 1806, pero que aquí se aplica aún más claramente a la imposibilidad del ser originario, de lo ideal originario, de revelarse en lo objetivo como tal. Para revelarse, para manifestarse, para exteriorizarse, debe hacerlo a través de otro real, que ya no es el sí mismo ideal original, sino su contraimagen real, es decir, lo Otro.

Aquí no se produce una anulación de la identidad, ya que la introducción de la separación o de la diferencia es un desdoblamiento de la esencia, que tiene un papel particularmente destacado en el establecimiento de la propia identidad (425). Como sabemos, una identidad solo puede ser puesta cuando existen al menos dos elementos. Este punto se relaciona, a su vez, con el tema de la contraimagen y la objetivación de lo absoluto que Schelling trabaja desde el *Bruno* (SW IV, 258-259) y las *Lecciones sobre Filosofía del Arte* de 1802-1803 (SW V, 378-383).[5] De hecho, decimos que lo Absoluto ideal solo puede mostrarse emprendiendo una autoalienación en lo real, y, por tanto, lo que Schelling quiere enfatizar aquí es hasta qué punto este desdoblamiento o duplicación de la esencia es válido para todos los entes —incluso para Dios.

5 Véase también *Filosofía y religión*, SW VI, 31-41.

Aquí observamos que la mera identidad no es posible sin distinguir A como sujeto y A como objeto. A = B o la diferencia representa el objeto, el espejo, como en el escrito sobre la libertad, Schelling hablaba de una representación reflexiva interna (SW VII, 360-361).[6]

La unidad y la escisión son ambas la esencia originaria viva y en acto. Lo uno, A, el sujeto, no puede simplemente ponerse a sí mismo sin duplicarse, sin ponerse asimismo como objeto y, por tanto, como dos, esto es, como B. Esto significa, como dijimos, que no hay una identidad real prístina *(ungetrübt)*, sino que la pura idealidad no puede ni siquiera ponerse como la pura identidad de sí misma, y, en consecuencia, debe escindirse de sí misma, salir de sí misma, para devenir real.

La explicación de la posibilidad o pensabilidad de la diferencia queda expresada, de este modo, por medio de la siguiente pregunta: ¿cómo puede la esencia originaria diferenciarse de manera real sin dividirse? Para Schelling, el todo permanece en cada elemento y la esencia aparece tres veces, a saber: en sí misma, en la forma y como el nexo o vínculo de los dos.

6 Cuando el ser primigenio se niega, deviene él mismo objeto de su deseo y se escinde en dos esencias. Cf. *Las edades del mundo*, SW VIII, 223-224; *Historia de la filosofía moderna*, SW X, 101; 198: «Pero es inevitable que se atraiga a sí mismo, pues solo para ello es sujeto, se convierte en objeto de sí mismo, ya que se presupone que no hay nada fuera de él que pueda convertirse en objeto de él; pero al atraerse a sí mismo, ya no es como nada, sino como algo —en esta auto-atracción se convierte en algo—; en la auto-atracción, pues, está el origen del ser algo, de lo objetivo, del ser objetivo en general. Pero como lo que es, el sujeto nunca puede tomar conciencia de sí mismo, pues precisamente al atraerse a sí mismo se convierte en otro; esta es la contradicción fundamental».

La duplicación de la esencia y el lugar de lo real y de lo ideal en el sistema

Dios es A, la esencia en sí. La duplicación de esta esencia acontece bajo la forma absoluta. Ambos, esencia y forma, son idénticos e indistinguibles. La existencia de Dios es, pues, lo ideal (A = B) = A, mientras que la diferenciación de la forma en dos formas subordinadas es lo real o la contraimagen objetivada de lo ideal (A = B) = B.

Cada una de estas formas se disuelve en los niveles superiores. Ahora bien, según Schelling, encontramos dos factores o formas desarrolladas de la unidad. Entre ambos hay una diferencia que es real, pero que no se pone como tal.

B se comporta como el ser y A como la posición del ser, en tanto que B es la posición real o propia del ser, y A es la posición ideal, es decir, la posición de la posición. Son, respectivamente, la primera y la segunda potencias.

Este punto sobre lo ideal = A como la posición de la posición contiene, como hemos dicho, una *invertio* de la filosofía de Fichte, porque aunque lo ideal tenga para Schelling más dignidad *(Würde)*, lo real es lo primero, es decir, el verdadero comienzo del universo. Lo ideal es entonces lo primero en dignidad, pero solo lo real es lo primero en cuanto a la existencia:

> La primera potencia debe, por su naturaleza, preceder a la segunda; entre ambas potencias, por tanto, existe una prioridad y una posterioridad. Lo real es *naturâ prius*, lo ideal, *posterius*. La inferior se pone así, pues, antes que la superior, pero no según la dignidad, lo que conten-

> dría, por supuesto, una contradicción, sino según la existencia. (426)

Con esto Schelling quiere decir que existe efectivamente una diferenciación real de lo finito, es decir, una esfera de lo finito que procede de la autodiferenciación de lo Absoluto mismo, doctrina que él negó en el período 1802-1806. Este aspecto de las reflexiones de Schelling en las lecciones de 1810 es clave para comprender su pensamiento sobre lo finito y, por tanto, para avanzar en una reflexión más amplia sobre el nuevo significado de los conceptos de finitud, mal, libertad y sistema.

Schelling aclara que el origen de esta diferenciación real finita radica, pues, en la formación imaginativa *(Ineinbildung)* de la forma original, es decir, la esencia de Dios A = A, en formas subordinadas de lo real y lo ideal.

El ser y la posición del ser en relación con las potencias

El último párrafo que hemos citado de Schelling, que sitúa la posición del Ser, es decir, el factor ideal, como la posición de la posición, es fundamental para entender la inversión que realiza Schelling, como dijimos, de la filosofía idealista de Kant y Fichte. Si el ser no es otra cosa que la posición del ser para un sujeto, entonces el fichteanismo debe ser invertido, pues el primer factor o potencia es el ser mismo, en relación con el cual la posición es una idealización o segunda potencia que se comporta como lo *posterius* respecto del ser que es *natura prius*.

Ahora, y en las siguientes líneas, veremos con más detalle cómo esta tesis sobre la primacía del ser invierte los principios fichteanos en la *Wissenschaftslehre*, en especial sobre el lugar derivado que la naturaleza ocupa en el sistema de Fichte, al mismo tiempo que explica de forma genética lo que Schelling no había hecho en su sistema anterior, esto es, cómo la reflexión invierte la primacía del ser sobre el pensamiento y sustituye el *concepto* de ser por el ser mismo. Solo por un evidente paralogismo podemos decir entonces que el ser es, como afirman Kant y Fichte, solo la «posición del ser» (426).

Ni B ni A pueden ser por sí mismos, pero A siempre es posible solo porque B ya es o existe primero en sentido ontológico —es, como dice Schelling, *natura prius*—. B no puede llegar a la identidad, puesto que tal identidad presupone ya dos elementos, mientras que B es lo puro o mero real (427).

A presupone el ser. En otras palabras, lo ideal es siempre solo *reflexivamente* posible. La tercera potencia contiene la posición común de las otras dos potencias. Esta es la verdadera unidad, es decir, la que viene después de la indiferencia y tras el desarrollo sucesivo de B, lo real, y de A, lo ideal.

La segunda potencia es superior en dignidad pero inferior en existencia, es decir, en realidad. Lo ideal es siempre solo reflexivo, una reduplicación del ser, y nunca puede preceder al ser en su existencia, sino que solo puede ser, como dijimos, si el ser ya es primero.

La creación del mundo

La razón de una diferenciación efectiva solo puede estar —dice Schelling— en Dios mismo. ¿Cómo es posible una diferenciación efectiva o finita en absoluto? Respuesta: para que exista algo real, la esencia originaria debe limitarse a la primera potencia:

> Igualmente, todo el tiempo está implícito, como unidad o como eternidad, en ella. Al limitarse Dios voluntariamente a la primera potencia —siendo voluntariamente solo uno, cuando podría serlo todo— establece, por lo tanto, un principio del tiempo (NB: no *en* el tiempo). (428)

Por eso, unas líneas más adelante, Schelling afirma que la «contracción» es el principio de toda realidad, es decir, que la limitación de Dios a lo meramente ideal hace posible la existencia de un mundo, de una realidad, *extra et praeter deum* (428-429).

En este pasaje, Schelling habla de la importancia de la contracción tanto para la (con)descendencia *(Herablassung)* de Dios en el mundo como para la formación del carácter humano. Como hemos dicho, la analogía entre la creación del mundo y la formación del carácter humano da cuenta del fenómeno que Cassirer llama el paralelismo entre el micro y el macrocosmos, sobre el cual nos referiremos más adelante.

Las ideas centrales son aquí, según Schelling mismo, las siguientes. La contracción de Dios es el principio de toda la realidad: «pero la contracción es el principio de toda la realidad». El principio del mundo es una (con)descendencia de Dios en lo real. Esta es también la tesis fundamental del cristianismo:

> Mientras tanto, el comienzo de la creación es, en efecto, una (con)descendencia de Dios; él (con)desciende propiamente en lo real [...]. Pero en esto no hay nada indigno de Dios. Precisamente la (con)descendencia [descenso y dejar-ser] de Dios es lo más grande en el cristianismo. (429)

Solo Dios puede romper o separar la identidad absoluta de su esencia para revelar algo diferente. Por este motivo, el acto de creación es absolutamente voluntario y necesario:

> Este acto de restricción o (con)descendencia (des-censo que deja ser) de Dios es voluntario. Por lo tanto, no hay más explicación del mundo que la libertad de Dios. Solo Dios mismo puede romper la identidad absoluta de su Ser y así hacer espacio para una revelación. (429)

Schelling piensa, como explicará unos meses después en la primera versión de *Las edades del mundo,* que la voluntad perfecta es aquella que no elige, y que, en consecuencia, solo quiere (WA I). Por tanto, la decisión no contiene una elección, sino una determinación de la voluntad.

Ahora bien, hay dos tipos de identidad entre la libertad y la necesidad. Una es el acto por el que Dios crea el mundo. La otra es la acción a través de la cual el hombre forma su propio carácter. Schelling mantiene aquí, como mencionábamos, un paralelismo, iniciado en el escrito sobre la esencia de la libertad humana, entre Dios y el hombre (SW VII, 382-386; III, 593-595).

El origen del mundo es, pues, para Schelling un acto de «abismamiento» *(Abgrundung)* voluntario de Dios, un querer originario *(Urwollen)*. Querer significa, pues, querer una sola cosa. No se puede atribuir realmente una voluntad fuerte a quien vacila entre cursos de acción alternativos y luego elige arbitrariamente uno de ellos. Tal individuo, estrictamente hablando, no sabe lo que quiere.

Schelling, como Descartes en la cuarta Meditación Metafísica, rechaza que Dios actúe por el bien, o que actúe lo mejor, como sostiene la tradición de la teodicea en Spinoza, Leibniz y Hegel. Más bien, Dios quiere su propia esencia, pero no está condicionado por nada, ni por el bien ni por la materia. Su voluntad es absoluta y, como dirá más adelante en *Las edades del mundo*, posee una libertad absoluta de ser o de no ser *(Seinkönnendes)* (WA I, 30).

Ahora consideraremos la relación entre el tiempo y la eternidad en Dios como algo absoluto. La pregunta aquí es: con la posición del tiempo, ¿también Dios está «caído» en el tiempo *(in die Zeit untergegangen)*? Si no es así, ¿qué es lo que en realidad acontece? (430).

El tiempo contiene la realidad, mientras que la idealidad contiene la identidad. ¿Qué significa esto? Lo mismo que la tesis de la contracción y la imposibilidad de ser sí mismo, a saber, que el principio ideal-idéntico de toda realidad no puede existir por sí mismo, sino solo cuando se objetiva como un segundo Absoluto y (con)desciende en el mundo. Dios es, pues, lo real —el ser— y lo ideal —lo existente—. Ahora bien, para el Dios real y viviente no existe propiamente separación entre sujeto y objeto (431).

Volviendo al tema de la diferencia entre el tiempo y la eternidad, hay que mencionar lo siguiente. Lo que se fija en el tiempo (A = B) está primero eternamente contenido en Dios (A^2). Dios, como identidad absoluta, contiene tanto la eternidad, el factor subjetivo o la libertad, como el tiempo, lo objetivo o la necesidad. Además, Schelling piensa que el principio del universo no está *en* el tiempo, sino que es un principio «*del* tiempo».

Schelling profundiza aquí la teoría subjetiva kantiana del tiempo como único tiempo abstracto-comparativo: «No hay un tiempo externo, general; todo tiempo es subjetivo». (431). El carácter subjetivo del tiempo no puede atribuirse, sin embargo, al universo en su conjunto porque no existe ningún punto externo en relación con la totalidad.

El concepto de Dios del racionalismo es un concepto para Schelling preconcebido y estanco en el siguiente sentido. Con el concepto racionalista de Dios, Dios no tiene un significado vivo y personal para nosotros. El Dios vivo se asemeja al hombre. A este punto lo hemos denominado el «antropomorfismo metafísico» de Schelling, sobre el cual hablaremos a lo largo de este análisis (432).

En primer lugar, queremos destacar aquí cómo Schelling repite lo que dijo en el escrito de 1809 sobre Dios cuando afirmara que «Dios no es un mero orden moral del mundo» (SW VII, 356) —rechazando, por lo tanto, el idealismo ético kantiano-fichteano—. Dios es entonces también una esencia efectiva y *causa sui:* «Todo lo que [Dios] es, lo es a través de sí mismo; sale de sí mismo para terminar finalmente en sí mismo» (432-433).

Nuestro autor defiende repetidas veces en 1809 y 1810 la tesis según la cual el Dios que se revela al final de la historia no es el mismo que el Dios del comienzo del sistema, y, por lo tanto, un hiato se abre, en el desarrollo del sistema del mundo, entre el Dios que es y el Dios que deviene.[7] De lo contrario, sostiene Schelling, Dios no habría necesitado crear o producir nada. Toda vida, en este sentido, comienza con la no-separación y el ser conjunto de los elementos: «Dios se hace a sí mismo, y tan ciertamente como se hace a sí mismo, tan ciertamente no es algo que está terminado y presente desde el comienzo, pues de otro modo no necesitaría hacerse a sí mismo» (433).

Aquí vemos también la diferencia entre el devenir lógico y el devenir real del mundo. Precisamente porque Dios cambia al final de su exteriorización, el fin de la historia no se halla prefigurado en el comienzo del sistema, como en el idealismo hegeliano, sino que el fin contiene *realmente*, y no solo idealmente, es decir, para la conciencia, algo nuevo, algo más que el principio, una verdadera *creatio ex nihilo*.

Cómo es posible el surgimiento de algo realmente nuevo se aclara a partir de dos puntos que veremos en el desarrollo subsiguiente de este estudio. El primero se refiere a lo que podemos denominar, ya desde *Filosofía y religión*, la apertura de un espacio de autosubsistencia y libertad

7 Cf. GA 42, 190-191, 195-196, *et. al.*; 186-187, 191-192, *et. al.*; A. Bowie, *Schelling and modern european philosophy. An introduction*, Londres, Routledge, 1993, p. 92; A. Leyte y V. Rühle, «Estudio introductorio», en F.W.J. Schelling, , *Investigaciones filosóficas sobre la esencia de la libertad humana y los objetos con ella relacionados* (1989), Barcelona, Anthropos, 2000, pp. 54 -57. A. Carrasco Conde, en su importante obra sobre el mal en Schelling hacia 1809-1810, ha expresado este mismo punto en los siguientes términos: «El mundo (el objeto) del espíritu nunca volverá por entero a su hacedor: y no solo por la caída, sino por el hecho mismo de que ha sido creado mediatamente por esa imagen reflexiva de Dios, esto es, del sujeto existente. [...] El Dios del inicio es y no es el Dios del final, puesto que de no ser así no tendría ningún sentido que se sometiera voluntariamente al devenir para devenir lo que ya es» (*La limpidez del mal*, Madrid, Plaza y Valdés, 2013, p. 253).

para lo finito (SW VI, 21-38). En efecto, lo finito se configura desde 1804 como aquel dominio de lo ente que existe y se aliena de Dios por su propia iniciativa, de manera que el camino de lo finito se debe imputar a un desarrollo diferente del de lo absoluto. El segundo punto tiene que ver con la libertad humana, que Schelling sitúa a mitad de camino entre la legalidad universal de la naturaleza y la voluntad absoluta de Dios. Oscilando entre ambos polos, el hombre es también libre frente a la naturaleza y frente a Dios, de manera que sus acciones pueden responder a su absoluta espontaneidad y las consecuencias de estas en la historia desempeñan un rol central para la compleción y la unidad de la autorrevelación de Dios.

Hay entonces dos principios en Dios, el hombre y en general en todos los entes, a saber: uno inconsciente y otro consciente (433).[8]

8 Nos gustaría llamar la atención sobre cómo esta doctrina anticipa en buena medida a la segunda tópica de Freud: «Donde hay ello, debe devenir el yo», si bien nuestro autor diría, más bien, que los elementos inconscientes deben transformarse gradualmente en conscientes. Schelling se diferencia asimismo de la psicología de Nietzsche en *Más allá del bien y del mal* (1886), a quien también anticipa, pues él rechaza la afirmación pesimista e impersonal de que solo el *Ello piensa*. Por otra parte, la idea de una autoconstitución del sí mismo está indudablemente ligada a la noción de libertad trascendental como auto-comienzo, ya que el auto-comienzo causal es precisamente la capacidad de iniciar un nuevo estado de cosas, que en este caso se aplica a la personalidad humana paradigmáticamente. Cada uno de nosotros es, pues, el creador de su propio ser como el artista de la obra de arte —no en vano Schelling utiliza el verbo *bilden*, que también significa crear, imaginar, proyectar—. En la libertad, nos esforzamos por hacer realidad lo que antes habíamos imaginado de nosotros mismos. Este punto Schelling se vincula con concepto de libertad de Sartre cuando este afirmara que «somos lo que hacemos con lo que han hecho de nosotros». Esta idea tiene connotaciones en la filosofía del arte que merece la pena explorar, a saber la creación de uno mismo como obra de arte en lo que prosaicamente se denomina «el arte de vivir».

El juego de la contracción y la expansión denota entonces el comienzo de la conciencia y del devenir personal. Dios no puede ponerse como lo real-objetivo sin erigirse al mismo tiempo como Sujeto absoluto y libre (434). Con la frase del final de este apartado, Schelling reitera que la contracción es el principio de toda realidad: «con su contracción efectiva como real, se pone su expansión como ideal» (434).

En la medida en que Dios se contrae como lo real, se expande en lo ideal, es decir, se retrae y se concentra sobre sí mismo. Esto significa que Dios «deja que el mundo sea», permitiendo que un mundo exista independiente de él. Podemos sostener entonces que tiene lugar, también, un proceso de concienciación en Dios, y, por tanto, el principio oscuro decisivo no se pone como no-ser, sino que, por el contrario, se pone como divinidad.

Aquí se encuentra el primer origen del mundo y del hombre a partir del fundamento. Este proceso es infinito, de manera que el progresivo devenir consciente no puede agotar nunca el contenido de la revelación de Dios a partir del fundamento (SW VII, 359-360).[9]

Lo que Dios busca es, al decir de Schelling, la materia de la que surge la conciencia. Este proceso se da por primera vez con el hombre, y solo relativamente, ya que siempre resta mucho del elemento inconsciente en el alma del hombre. Este punto nos permite apreciar los rasgos

9 Sobre la dependencia del concepto de razón del de *Grund*, cf. M. Vetö, *De Kant à Schelling. Les deux voies de l'idéalisme allemand*, 2 vols., Grenoble, Jérôme Millon, 2000, p. 348. Un concepto similar es elaborado por Charles Saunders Pierce (*secondness* como *haecceitas*) en *Collected Papers of Charles Sanders Peirce*, Hartshorne, C. y Weiss, P. (eds.), Cambridge, Harvard University Press, 1960, 1, p. 324.

del antropocentrismo de Schelling, en el sentido de que el hombre se erige el centro de la autorrevelación y realización de Dios (434-435).

Cada cosa solo puede manifestarse, luego, *contra* otra cosa. Lo real es el ser de Dios, el objeto, el predicado, lo inconsciente. Lo ideal es ahora Dios en tanto ente, lo existente o Dios *sensu eminenti.* Dios es, en sentido estricto, sujeto o conciencia pura (435).

Solo lo que es un relativo no-ente puede ser también en y para sí mismo lo ente. Esta proposición es muy importante porque implica que el ser absoluto no puede ser en y para sí mismo, en tanto que no hay diferencia en él entre lo ente y lo no-ente. En el escrito sobre la libertad, Schelling se refiere a la nada como la cruz del entendimiento (SW VII, 373, nota 2). ¿Qué quiere decirnos con esta aserción? En primer lugar, debemos considerar la refutación platónica de una distinción tajante entre el ser y el no ser contra la filosofía eleática. Esta indistinción de la categoría del no ser relativo o del devenir en el proceso de cambio y transformación es particularmente cercana a Schelling, en la medida en que su sistema de identidad, ahora puesto en cuestión, había sido acusado veladamente por Hegel en la *Fenomenología del espíritu* de no incorporar la diferencia en su seno (TWA 3, 22). Un cambio que se produce en la filosofía de Schelling hacia 1807-1809 se refiere precisamente a la introducción de la categoría de lo ente o del ser relativo y su análogo negativo, lo no-ente.

Schelling defiende así la posición griega clásica dentro de una cosmovisión cristiana cuando afirma que las cosas no pasan de la nada absoluta al ser, sino que parten de lo no-ente, el cual implica ya una modalidad del ser, a lo ente o al ser relativo, evolucionando entre dos estados que permiten una gradación, esto es, un más y un menos.

El ser en Dios es entonces lo no-ente, se comporta como el sustrato o sustancia de un ser superior. A este punto lo hemos denominado en otro lugar la «doctrina de la inmanencia trascendente» de Schelling. En Dios no hay, pues, nada puramente objetivo. La naturaleza es para él un vínculo vivo de fuerzas, aunque en relación con Dios como existencia particular sea más bien lo no-ente en general, B. (437-438).

La vida divina impregna la vida de la naturaleza hasta lo más profundo de su ser. Por ello, la filosofía de la naturaleza de Schelling ha sido comparada con el vitalismo de Leibniz.[10] Dios no es, sin embargo, la naturaleza, sino que está por encima de la naturaleza, aunque tenga «una naturaleza» en su interior (SW VII, 357-358; 437).

El proceso «teo-cosmogónico»

El Dios de Schelling es a la vez el Dios del dogmatismo y el del panteísmo, es decir, es a la vez tanto una esencia particular como general.

Sin embargo, es siempre lo individual en Dios, es decir, su esencia o personalidad particular, lo que fundamenta la consideración de Dios como esencia de todas las cosas. El teísmo especulativo de Schelling, según el cual Dios es una esencia personal y existente, fundamen-

10 Cf C.F. Beiser, *German Idealism, op. cit.*, p. 545.

ta así su panteísmo dinámico o la teoría de Dios como fundamento último de todas las cosas, y esta relación de subordinación de lo general a lo particular constituye la principal diferencia del planteo de Schelling con la filosofía panteísta de Spinoza.

En Dios hay, pues, dos fuerzas primarias que son al mismo tiempo una. En primer lugar, encontramos la mismidad o el egoísmo. Si solo contáramos con tal principio, no habría ninguna criatura. La mismidad es entonces el principio de lo infinito, lo contractivo, lo real. Este es también el principio del dogmatismo (438-439).

El amor, que Schelling describe como un principio vivificante que es todo en todo, es, por tanto, el principio expansivo, lo ideal, y contiene, entonces, el fundamento para el surgimiento del panteísmo. Dios es a la vez amor e ira, pero esta última se comporta como la base del amor. Dicho de otro modo, en Dios, y en todos los entes, el principio oscuro y anómico es la base de la luz y de la racionalidad, lo cual no quiere decir, sin embargo, que la oscuridad se constituya como el principio dominante. Este punto solo tiene como objetivo señalar que el comienzo del mundo no yace en la racionalidad pura, sino que la racionalidad tiene un comienzo genético en lo inconsciente y que se desarrolla a partir de este elemento más primigenio u originario (438-439, 447).

La vida y el amor se afirman en los contrarios, en el mal, en la ira, que les sirven de alimento y de contraste. Por eso Schelling sostiene que el amor, o el principio expansivo, no puede expresar por sí solo la esencia de Dios sin lo negativo de la ira y la cerrazón, el principio oscuro.

El inicio de la creación es míticamente narrado por Schelling como un divorcio entre el amor, o principio expansivo, y la mismidad, o el principio contractivo. La creación de la naturaleza es entonces la subordinación del egoísmo al amor. Schelling no se refiere aquí, dicho sea de paso, a la naturaleza tal como la percibimos actualmente, sino a la materia originaria a partir de la cual fue creado todo (439).

El ser en Dios es lo no-ente, el egoísmo, que es también el todo de Dios según la forma del egoísmo, con el que solo quedaría, en ausencia del amor, la mera cerrazón y la contracción. Solo Dios es lo ente propiamente dicho (440).

En este pasaje, Schelling quiere decir que cada cosa solo puede revelarse en su opuesto, Dios en la naturaleza, el amor a través de la ira, el sí mismo en lo otro. La naturaleza es entonces la identidad divina vista desde lo real. Por este motivo, el panteísmo de Spinoza es para Schelling, como anticipábamos, un realismo unilateral, mientras que la naturaleza es para Schelling una suerte de «divinidad derivada» (440-441).

La naturaleza es divina, sin embargo, en esencia pero no en la forma. La naturaleza es el Dios potencial en la medida en que lo ideal es el Dios en acto, realmente existente. La creación tiene para Schelling un desarrollo a través del cual lo que solo es potencial debe convertirse en real. Schelling llama a este fenómeno «la creación continua»:

> La creación continua consiste precisamente en que este estado de involución está constantemente suspendido en

> el B, que lo divino, adormecido por así decirlo en él, se despierta y evoluciona; la naturaleza, por lo tanto, es una divinidad, pero una divinidad de un tipo inferior, una divinidad despertada, por así decirlo, de la muerte, levantada del no-ser al ser. (440)

En la naturaleza Dios está, pues, retraído. La naturaleza significa en Schelling la esencia divina, solo que no está «presentada» en los entes, en A, sino que es más bien la esencia divina en lo no-ente o el ser relativo, esto es, el ser real (A = B) = B.

De este sistema surgen dos malentendidos, según Schelling: que deifica la naturaleza, en primer lugar, y, en segundo lugar, que identifica a Dios con la naturaleza.

Pero según Schelling, es Dios mismo quien deifica, es decir, eleva la naturaleza. En cuanto a la segunda objeción, nuestro autor aclara que la naturaleza está en Dios, pero no es Dios. Es más bien el ser de Dios, pero no aún lo ente, es decir, el Dios realmente existente. La naturaleza es, como hemos dicho, solo el principio oscuro e irracional, el resto que nunca se desvanece, y que nunca se puede disolver completamente en el entendimiento (441).

Solo A, es decir, lo ideal, el Dios existente, puede identificarse realmente como lo divino. Como acabamos de ver, Dios en este sentido es lo más alto en dignidad, pero por este hecho es también, precisamente, lo que viene al final en relación con la realidad. Por eso se puede criticar a Schelling —desde una posición idealista— por hacer a Dios dependiente o resultado de la materia; en realidad esto es parcialmente cierto, en el sentido de que él plantea la existencia en general como dependiente del fundamento, por tanto, la razón de lo carente de razón. El Dios existente o la luz es entonces dependiente del *Deus abscondidus,* del fundamento oscuro que yace en su interior. En lo que sigue explicaremos por qué esto es, no obstante, una idea correcta y no algo que deba evitarse.

Para esto es necesario distinguir, en primer término, entre la naturaleza como B (A = B) y la naturaleza como nexo *(das Band)* vivo en A = B.

El nexo es lo que Schelling llama «la Palabra» *(das Wort)*, lo que constituye las condiciones de inteligibilidad al mismo tiempo del discurso y del mundo (442-443).

Aquí Schelling introduce su doctrina de la inteligibilidad a través de las vocales, que vivifica al dogmatismo o a la doctrina de las consonantes. ¿A qué se refiere este punto? La voz o la palabra es, metafóricamente hablando, la sustancia, el contenido que da vida al sistema formal del dogmatismo. Las consonantes son la estructura, es decir, la forma del sistema, pero son incapaces por sí solas de mover y actuar de forma real.

El nexo es, por tanto, la palabra en la que se conectan las vocales y las consonantes. Lo orgánico y lo inteligible son lo mismo aquí, en el sentido de que los elementos que están conectados por el nexo pertenecen a un todo coherente.

También debemos considerar el contraste entre el nexo y lo conectado a través de él, como aquello en lo que todavía podemos encontrar las dimensiones activa y pasiva. El nexo es el vínculo de fuerzas (=), lo tercero que no puede aparecer como tal en la identidad, pero que es necesario para su establecimiento. El nexo es, de nuevo, la dualidad entre A y B, lo ideal y lo real (448).

En este contexto, el spinozismo aparece como una filosofía realista unilateral, pero no como un sistema de la identidad como el de Schelling, ya que no establece ninguna relación entre los principios y, por tanto, la unidad «sobreviene a su sistema desde fuera», tanto como en el sistema de Fichte, pero de manera inversa, esto es, en Spinoza por el lado de lo real, en Fichte por el lado de lo ideal (TWA 2, 52-115, 298).

Lo que Schelling quiere decir aquí es que Spinoza no logra una identidad creativa, sino solo una identidad que se sobreimprime a las dos sustancias cartesianas, el yo y la materia (443-444).

En este sentido, el spinozismo no es una filosofía de la identidad como la de Schelling, en cuya filosofía el elemento activo, efectivo e ideal conserva su independencia relativa.

La objeción que Schelling presenta en sus lecciones contra la filosofía de Spinoza es similar a la que presentara ya en el escrito sobre la libertad humana. La visión de la naturaleza de Spinoza es mecánica y, por lo tanto, no es propiamente una filosofía de la naturaleza, sino una «mera física» (SW VII, 349-350). Debido a que en la filosofía de Spinoza no tiene lugar el movimiento orgánico ni teleológico, no hay todavía ningún movimiento real —aquí la objeción es similar a la formulada muchos años después por Schelling al panlogismo de Hegel— y su sistema es inanimado *(Gemüthlos)*.

Schelling también critica a Spinoza, como vimos antes, el hecho de que su concepto de identidad es vacío por falta de oposición, o, en otras palabras, porque la identidad no contiene ninguna contraposición y, por ende, carece de un elemento heterónomo que sirva de base al pensamiento.

Por lo tanto, Spinoza también ignora el concepto vivo de Dios, en el que se yuxtaponen tanto la identidad como la diferencia, y él negó asimismo, según Schelling, la personalidad del ser supremo.

Schelling analiza ahora otra posición sobre el realismo y el idealismo en la filosofía moderna. Nos referimos al pensamiento de Leibniz. Su *Monadología* contiene la negación completa del mundo de los cuerpos y solo reconoce la realidad del mundo en la medida en que se encuentra dentro de las mónadas. En cuanto tal, la monadología de Leibniz constituye el principal antecedente del idealismo subjetivo de Fichte. El mundo existe para ambos solo como una re-presentación *(Vor-stellung)*.[11]

Schelling dirige su atención ahora al hilozoísmo, esto es, la escuela que hace de la materia (= B) el principio supremo de la filosofía. Nuestro autor, si bien reconoció, como vimos, la prioridad en cuanto a la existencia de B, niega, sin embargo, que la materia contenga en sí misma, precisamente, el principio de la vida. Según la filosofía de la naturaleza, en cambio, la materia solo contiene la vida *in potentia*. El hilozoísmo es entonces un materialismo unilateral que parte de los extremos de la filosofía general de Schelling.

La ontología de Schelling contiene, entonces, como afirma Manfred Frank, un dualismo neutral según el cual lo real tiene prioridad en cuanto a la existencia, mientras

11 Cf. M. Heidegger, «La época de la imagen del mundo» (1938), en *Caminos del bosque*, Madrid, Alianza, 1995.

lo ideal tiene preeminencia en cuanto a la dignidad.[12] En este sentido la filosofía de Schelling hacia 1810 se diferencia, por un lado, del monismo naturalista de Spinoza, que no admite ninguna diferencia entre la naturaleza humana y la naturaleza en general, y, por el otro, del idealismo ético de Fichte, según el cual la naturaleza no existe en y para sí, sino solo como representación de la naturaleza para un sujeto o yo, y, en consecuencia, ninguna objetividad existe como tal.

En el materialismo francés todavía no hay A, es decir, no hay nada ideal, ni espíritu, ni inteligencia. Lo contrario a este materialismo es el idealismo, según el cual solo existe el espíritu como expresión subjetiva del yo. En el primero no hay espíritu, por lo tanto, no hay diferencia de dignidad entre A y B, ni tampoco puede surgir, en general, ningún A. En el segundo sistema no encontramos la objetividad como objetividad fundamental, sino como derivada del espíritu. Solo el espíritu existe, o «tendría derecho» a existir —la cual constituye una formulación muy sugerente de la filosofía de Fichte: la naturaleza no existe, pero, «por si acaso», no debería existir— (SW VII, 25-35, 74; 444-445).

Es muy importante señalar dos puntos. En primer lugar, Schelling tematiza aquí —a diferencia del escrito de 1809— la oposición entre identidad y dualidad, más que aquella que media entre necesidad y libertad. Esto nos permite ver un retorno, en las *Lecciones privadas de Stuttgart,* a los motivos ontológicos analizados por Schel-

12 Cf. M. Frank, «"Identity and non-identity": Schelling's path to the "absolute system of identity"», en L. Ostaric, (ed.), *Interpreting Schelling: Critical Essays*, Cambridge, Cambridge University Press, 2014, pp. 120-144.

ling en el *Bruno* y en *Filosofía y religión*, en contraposición al tono práctico, es decir, moral, del escrito sobre la libertad humana.

En segundo lugar, debemos examinar, seguidamente, por qué Schelling habla —cuando opone la identidad a la dualidad— de identidad y no de unidad. Esto sirve como prueba de nuestra tesis según la cual el sistema de la identidad depende fuertemente de una cosmovisión metafísica que otorgue centralidad a las categorías de identidad y de unidad. La identidad es, pues, la unidad, es decir, el rechazo del dualismo. Por el contrario, el reconocimiento de que el dualismo domina implica también que no es posible establecer una identidad absoluta.

La filosofía de Schelling hasta este punto no se constituye ni como idealismo ni como realismo, sino que adopta la forma de la filosofía de la identidad —crecientemente puesta entre paréntesis por Schelling en su período intermedio—. Para la filosofía de la identidad, existe una diferencia analítica entre A y B, pero no en cada ente, donde vale, más bien, una diferencia meramente cualitativa:

> En efecto, entre los principios como tales, entre A y B, no hay, sin embargo, una mera diferencia cuantitativa, aquí es la más decididamente cualitativa; pero en todo lo que es efectivo, sea, por cierto, del tipo que se quiera lo objetivo y lo subjetivo, lo ideal y lo real están siempre juntos, solo que en diferentes grados. (446)

La filosofía de Fichte pretende negar que exista el ser, por lo que este es pensado como un «concepto negativo». Schelling rechaza esto a favor de un dualismo neutral.

El elemento fundamental de la filosofía de la naturaleza de Schelling —que es la expresión de la indiferencia— es la polaridad, es decir, la complementariedad entre elementos opuestos. Otro punto destacable es la gradación y la progresión que se extienden desde las formas de vida inferiores a las más elevadas.[13] Esta progresión adopta la forma de una diferenciación hacia las partes cada vez más sutiles, desde la corporeidad hasta el reino espiritual.

El proceso de diferenciación, que concierne a lo ideal en lo real, se equipara también con la intención de la creación, a saber, que lo espiritual se desarrolle desde la profundidad de la propia materia.

El fin último de la naturaleza es, pues, la elevación de lo ente desde lo no-ente; esto es, el surgimiento de lo ideal a partir de lo real. Pero esto se corresponde con el hecho de que, como señaló Schelling, lo real es lo primero en prioridad, es decir, en realidad, mientras que lo ideal es lo primero en dignidad. Esta doctrina entra, por tanto, en conflicto con el idealismo desde Descartes hasta Hegel, según el cual lo que aparece en la reflexión, es decir, en lo ideal, es primero también en la realidad y, por tanto, la reflexión se sitúa en el idealismo como auto-fundante (451-452).

El amor y la relación entre Dios y el mundo

Según Schelling, existe una relación de analogía o punto de transfiguración entre el fin último de la naturaleza, la

13 En este punto Schelling es un representante cabal de la idea que Lovejoy llamara «la gran cadena del ser» *(The Great Chain of Being)*.

sensibilidad y el arte (453). Por eso, el arte de los griegos constituía para ellos una representación de la naturaleza (SW III, 615; V, 413, 451). El hombre es, en este marco, la culminación de la naturaleza: la interconexión de lo real y lo ideal. El amor constituye también esta conexión, sin embargo, en relación con la mujer y el hombre, es decir, es una especie de unidad entre ambos principios, pero en la que la independencia de cada elemento no queda abolida:

> La tierra ama al cielo y tiene el anhelo constante hacia él, como la mujer hacia el hombre. Dios ama lo que es inferior, lo que está por debajo de él, la naturaleza, porque solo de ella puede producir espíritus semejantes a Él. (454)

Schelling se refiere al amor como a una especie de dualidad que no excluye la unidad y de unidad que no excluye la dualidad. En el amor cada elemento puede ser para sí mismo, y esto no implica, afirma, ninguna pérdida para ellos, sino que, más bien, ninguno de los dos quiere estar sin el otro, y esto por razones morales y no metafísicas.

El mismo tipo de unidad se aplica a la conexión entre Dios y la Naturaleza. Esta conexión no es de dominación, sino de aceptación voluntaria. Entre Dios y la naturaleza no hay una conexión unilateral, sino bilateral, es decir, que la naturaleza también se esfuerza por producir cosas divinas:

> Dios mismo está conectado con la naturaleza a través del amor voluntario, *no la* necesita y, sin embargo, no quiere

> estar sin ella. Pues el amor no está donde dos seres se necesitan mutuamente, sino donde cada uno podría ser por sí mismo, como, por ejemplo, Dios —que ya es *en sí mismo suapte natura,* lo ente— donde, por tanto, cada uno podría ser por sí mismo, y, sin embargo, no considera un robo ser por sí mismo, y no quiere ser, no puede ser moralmente sin el otro. (454)

Con la aparición del mundo del espíritu, la naturaleza se ha transformado en un medio para la realización de A, esto es, de lo ideal. Esto significa que la naturaleza es devuelta a la nada con el despertar del mundo espiritual. ¿Hasta qué punto deja traslucir Schelling un motivo idealista con esta aseveración? No es el caso, puesto que la doctrina sobre la transposición de la naturaleza en el espíritu contiene solo la visión de la naturaleza, en la medida en que esta aparece *en* el espíritu, pero no considerada en absoluto. El idealismo es, pues, el incremento ulterior de la naturaleza en el sistema de Schelling, pero el pensamiento de la naturaleza no sustituye la naturaleza propiamente dicha, que es lo primero en la realidad. Se trata más bien de analizar el proceso formativo de la *re*-presentación de la naturaleza.

El punto de transfiguración de la naturaleza en el espíritu debe, pues, situarse en un ente que está dentro de la naturaleza, pero que también se encuentra más allá y fuera de la naturaleza: «Este A todavía más alto ya no puede estar dentro de la naturaleza, pues todo se completa en ella cuando se alcanza la tercera potencia. Por lo tanto, se encuentra por encima y fuera de la naturaleza» (454-455).

Lo Absoluto contiene un proceso de diferenciación hasta alcanzar al espíritu y a la historia. En seguida narraremos este proceso, aunque la figura completa solo puede resultar evidente al lector al final.

Con el surgimiento del ser humano en lo ente, a partir de lo no-ente, B es, por así decirlo, trascendido; a causa de esta trascendencia de la naturaleza se forma un mundo espiritual:

> Solo en el hombre el A^2 absoluto, lo largamente buscado, lo largamente anhelado, se eleva finalmente fuera del B, lo en sí o *sua natura* [por naturaleza/según su naturaleza] ente a partir de lo no-ente. Lo que es *sua natura* ente es espíritu, y lo que se ha levantado de lo no-ente, en la medida en que se ha convertido así, pero que, sin embargo, es *natura sua* ente es espíritu finito. (457)

En el hombre, sin embargo, existe una contradicción entre su origen natural a partir de lo no-ente y el espíritu al cual llega la propia naturaleza. Por lo tanto, el hombre es un espíritu finito, como dice Žižek, ni finito ni infinito,[14] o, según la expresión célebre de Heidegger, una «divinidad derivada»,[15] por lo tanto, un ente a la vez infinito y finito (SW VII, 347).

En esta contradicción entre el carácter finito e infinito del hombre radica, pues, su eterna diferencia con Dios.

14 Cf. S. Žižek, *The indivisible remainder. An essay on Schelling and related matters* (1996), Londres, Verso, 2007, p. 60.
15 Cf. GA 42, 122-123

El hombre y Dios como micro y macrocosmos

En el hombre existe lo objetivo y lo subjetivo no solo en potencia, sino ya desarrollado:

> ¿Por qué solo en el hombre se pone realmente lo ideal absoluto o el A^2 absoluto, mientras que en todas las demás partes es meramente potencial? Esta es la tarea de una ciencia propia, la antropología, cuyo concepto se fija aquí. (457)

En el ser humano ambos elementos se desarrollan en perfección y totalidad como en un microcosmos. Microcosmos significa aquí que el hombre es un mundo en sí mismo, como un universo en miniatura. El hombre también es una totalidad y, como veremos, al igual que Dios, puede hacer surgir un mundo de sí mismo.

Según Schelling, el hombre se eleva de la naturaleza al espíritu, es decir, de lo no-ente a lo ente, y su libertad radica, pues, en esta doble relación que tiene con la naturaleza, por un lado, y con Dios, por otro. El hombre se encuentra en un punto de indiferencia o de equidistancia y, por tanto, de independencia frente a ambos principios, por lo que su libertad se manifiesta como capacidad de decisión y elección. Dios, en cambio, es el ser absoluto, y su libertad consiste, en consecuencia, en determinarse por sí mismo y sin ninguna exterioridad:

> el hombre, sin embargo, como ente surgido de lo no-ente, alcanza también una libertad bastante peculiar a través de esta doble relación de su esencia. [...] En la medida en que se eleva de lo no-ente, tiene en esa medida una raíz

> que es independiente de lo ente en cuanto tal. Lo divino es, en efecto, la elevación, la creación de su espíritu, pero aquello desde lo que se eleva es todavía distinto de lo que lo eleva. (458)

En esta duplicidad de la libertad debemos reconocer un primer elemento de discontinuidad entre el sistema de 1801-1804 y la metafísica media de Schelling. En 1804, Schelling llegó a negar que existiera alguna entidad entre Dios y las criaturas (que propiamente no son), de modo que solo Dios era (absolutamente) libre, mientras que el hombre no era libre en absoluto (SW VI, 565-572).

El hombre desempeña ahora el papel de mediador entre la naturaleza y Dios, por lo que Dios asume la naturaleza y la eleva a personalidad y espíritu, el A^2. Por otro lado, en la medida en que el papel de Dios desaparece del sistema, la libertad como decisión se vuelve cada vez más central y, en palabras de Ashley Underwood Vaught, se convierte en la forma suprema de existencia.[16] Theunissen ha llamado a esta teoría el «giro antropológico de Schelling»,[17] y Oser la ha considerado como muestra de la preocupación de Schelling —exclusiva de su período intermedio— por lo particular y lo individual en cuanto tal.[18]

Siempre resta, pues, una diferencia entre lo mero ideal, es decir, Dios, y lo ideal-real, es decir, el hombre. Dios

16 Cf. A. Underwood Vaught, *The Specter of Spinoza in Schelling's Freiheitsschrift*, Tesis de doctorado, Villanova, Villanova University, 2011, p. 201.
17 Cf. M. Theunissen «Schellings anthropologischer Ansatz», *Archiv für Geschichte der Philosophie* 47, 1965, pp. 174-189.
18 Cf. T. Oser, *Sprünge über den Horizont des Denkens. Interpretationen zum mittleren Schelling 1806-1811*, Tesis de doctorado, Berlín, Freie Universität Berlin, 1997, pp. 1-7.

existe encerrado en sí mismo; solo el hombre se despliega, tiene un desarrollo histórico.

El anterior punto antropológico, y, por ende, el establecimiento de un espacio de movilidad para el mundo y de libertad para el hombre, solo es posible porque Schelling viene llevando a cabo, desde 1809, una crítica sistemática al concepto espacial y ontológico de inmanencia. El hombre, la naturaleza, lo no-ente, no son parte de la existencia divina, sino de su fundamento. Como el ser de Dios —esto es, su existencia como ente particular— es distinto del ser *en* Dios —su fundamento— el hombre puede tener un centro en el fundamento y ser libre e independiente de Dios considerado como ente:

> [El hombre] se relaciona con Dios como la flor se relaciona con el sol. Al igual que la flor solo surge de la tierra oscura por efecto del sol y se transfigura en luz, sin embargo, siempre permanece independiente del sol en su raíz. Si la relación del hombre con Dios no fuera tal, no tendría libertad respecto de Dios. Sería como un rayo en el sol, una chispa en el fuego. (458)

Como la flor del sol, el hombre recibe de Dios la fuente de luz y calor, pero no es su hábitat absoluto, la tierra. Esta tierra es la libertad para el hombre, un principio derivado, pero independiente, a partir del cual él existe y se determina a sí mismo, no de forma absoluta, sino como ser finito.

La condición de la posibilidad de la libertad, entonces, es que haya una raíz independiente de Dios para la naturaleza, es decir, para lo no-ente, en la que la libertad es primero una cualidad natural, luego una escisión relativamente independiente de la naturaleza, el espíritu.

La libertad

Hay varios puntos interesantes del análisis precedente que quisiéramos profundizar. En consonancia con el análisis de Heidegger del escrito de 1809, vemos aquí la crítica de Schelling al concepto negativo de la libertad como «libertad opuesta a la naturaleza», concepto que no aclara, precisamente por ello, cómo el hombre es positivamente libre.[19] Por otro lado, vemos cómo el hombre ocupa un papel ambiguo y bifronte en relación con la naturaleza y con Dios, siendo a la vez libre en relación con la naturaleza por ser un ente divino, por poseer personalidad y espíritu, y libre en relación con Dios por ser un ente natural enraizado en el no-ser relativo (458-459). El hombre ocupa, pues, un lugar de indiferencia o indeterminación ontológica, que Schelling, ya en 1809, denomina «la originaria indecisión del hombre en la idea» (SW VII, 382), y esta es la razón por la que es capaz de elegir. Lo que el hombre es no puede atribuirlo ni a la naturaleza ni a Dios, sino a sí mismo. La realidad de la libertad, de la que hablaremos más adelante, se refiere a la existencia de los dos polos hacia los cuales puede orientarse la elección humana, el bien y el mal. La libertad humana es entonces

19 No confundir con el concepto de libertad negativa de I. Berlin. En efecto, el concepto de libertad de Kant y de Schelling coincide en buena medida con la libertad negativa de Berlin. Cf. GA 42 143-145, 152 -154, 167-168, 178.

definida por Schelling como la «facultad para el bien *y* para el mal» (SW VII, 352), puesto que la misma capacidad que sirve para hacer el bien sirve también para hacer el mal, de ahí su relativa ambigüedad ontológica y ética.

El antropocentrismo de Schelling es una objeción habitual a su planteo de los años 1809-1811 sobre la centralidad del hombre en el mundo. Sin embargo, ya antes de Heidegger, Schelling sostuvo que determinar lo que el hombre sea es la cuestión más difícil de la filosofía, precisamente porque el hombre no tiene una esencia como cualquier otro ente natural, sino que su esencia consiste en esta relativa indecisión frente al bien y al mal. En el ser humano, lo corpóreo funciona solo como el sustrato de lo espiritual y no, como en el resto de la naturaleza, como su fundamento.

El hombre es la causa de la aparición del principio espiritual en la naturaleza y, por tanto, también de la separación entre la naturaleza y el espíritu, que permanecieron en desigualdad y unidad hasta la aparición del hombre. El espíritu solo es potencial en la naturaleza, solo como B, y únicamente con el hombre se independiza de B como un A autosubsistente, lo ideal. Gracias al hombre, la naturaleza está claramente definida y delimitada como B, lo real.

La delimitación de la naturaleza y el hombre es la condición de la posibilidad de la libertad

La naturaleza demuestra su conexión con lo no racional, con lo no-ente —el fundamento = B— en su irregularidad, aleatoriedad y movimiento incesante (459). Si la naturaleza fuera simplemente lo racional, como sostienen Spinoza y Hegel (aunque en Hegel es más bien al revés, lo lógico es la naturaleza, y la verdadera naturaleza, como en Fichte, no existe, es meramente ideal, solo existe *para* una conciencia), entonces estaría en estado de reposo y ya habría alcanzado la igualdad a la que, sin embargo, aspira A = A. La naturaleza también insinúa el mal, que luego se manifiesta en el mundo espiritual, a través de fenómenos físicos como las tormentas, las enfermedades y la muerte. En ambos casos, lo no-ente, que debe permanecer en el fondo, se esfuerza por convertirse en la esencia y dominar, dando lugar a un falso ente, que ocupa el lugar del verdadero ente, es decir, de Dios: «Porque el mal no es precisamente otra cosa que lo no-ente relativo, que se erige en ente, desplazando así al verdadero ente. Es, por un lado, una nada, por otro, una esencia altamente real» (459).

Solo Dios puede mantener la unidad de lo ente y lo no-ente en el centro, pero con la aparición de la criatura ambos principios se disuelven, y lo no-ente se esfuerza por restaurar para sí mismo esa unidad que solo es posible en el seno del Principio.

Con la aparición del hombre, la naturaleza y el espíritu se dividen y se oponen. De este modo, la naturaleza se hunde en lo temporal, y, como no alcanza lo eterno, se convierte en un *período* temporal y no en una potencia.

El hombre mismo, en la medida en que tiene una dimensión corporal, está también bajo B y debe comenzar de nuevo su ascenso a lo espiritual, rivalizando y dominando la naturaleza dentro (el mal, las inclinaciones) y fuera de sí (460).

Con la separación de la naturaleza y el espíritu, el mundo entra debidamente en el período de la naturaleza en el que lo externo domina y todos los seres, incluido el hombre, están sujetos a su legalidad. El espíritu, la libertad, debe surgir gradualmente de la naturaleza, desde cero.

La prueba del alejamiento del hombre de la naturaleza reside en la multiplicidad del género humano y en el hecho de que el hombre debe seguir esforzándose por establecer la unidad de su género.

La naturaleza busca así una unidad que solo puede alcanzar en comunión con Dios, principio de todas las cosas. Pero como el hombre es ahora responsable de la separación final entre ambos, la naturaleza está en incesante movimiento, disolviendo todas las formas y figuras, y solo puede llegar a la unidad, es decir, al reposo, a través del hombre, que es, por así decirlo, bifronte entre ella y Dios. El hecho mismo de que la naturaleza contenga también lo inorgánico, es decir, lo carente de unidad, atestigua que el espíritu no está plenamente difundido en la naturaleza como en el hombre, sino que está dominado por la descomposición y la falta de estructura.[20]

La crítica del Estado

La crítica subsiguiente de Schelling al Estado se relaciona con el punto sobre la disgregación de la unidad en la naturaleza mencionado anteriormente. El Estado comporta el

20 Cf. F. Fischbach, «La pensée politique de schelling», *Les Études philosophiques* 56, 2001, p. 42.

intento de establecer una unidad basada en medios exteriores, y, como tal, falsa. En este sentido Schelling identifica al Estado con el mal mismo que surge de la naturaleza y no, como los contractualistas, como una superación del «estado de naturaleza». El Estado es una continuación de la mera naturaleza externa que ahora se proyecta sobre el hombre. Precisamente, como la unidad del Estado es meramente externa, su legitimación debe recurrir a un «talismán más elevado», un falso A que en realidad es B, la ideología. Veamos estos puntos más en detalle.

Como afirmábamos, la aparición del Estado está relacionada con el concepto de unidad y la pérdida de la unidad de la naturaleza en la que cae el hombre cuando despierta el espíritu, es decir, la potencia más allá de la naturaleza. Ni Dios ni la naturaleza pueden ser ya la unidad de los seres libres. Como sabemos, Dios ya no es libre; la naturaleza aún no lo es. La consecuencia del intento de restaurar esta unidad espiritual, la libertad, por medios materiales es el Estado, y el Estado es, por lo tanto, según Schelling, una maldición que recae sobre el hombre porque él fue el responsable de la pérdida de la unidad de la naturaleza e intentó restaurar esta unidad, que solo pertenece a Dios: «el Estado es, por tanto, para decirlo sin rodeos, una consecuencia de la maldición que recae sobre la humanidad» (461).

Este punto contiene también los fundamentos de una crítica religiosa del Estado del tipo de Žižek o Dostoievski, a saber, que el Estado se arroga la representación de lo universal, que solo pertenece a Dios, y en cuanto se posiciona como lo particular, que se hace pasar por lo universal, es el mal mismo.

¿Por qué afirma Schelling que la unidad del Estado es natural? Porque el Estado, al igual que la naturaleza, solo se sirve de medios físicos de cohesión y, por tanto, únicamente puede unir a los pueblos apelando a motivos espirituales, es decir, religiosos, filosóficos, en definitiva, ideológicos. La unidad del Estado es, pues, siempre precaria y temporal, de lo que se desprende, en esta lectura anarquista de Schelling,[21] que el Estado no gobierna por naturaleza, sino invocando esos motivos superiores o talismanes, es decir, ideológicos.

Es imposible, entonces, conciliar la existencia del Estado con la existencia de seres libres como el hombre:

> cómo es compatible la unidad con la existencia de seres libres, es decir, cómo es posible un Estado que en realidad solo sería la condición de la máxima libertad posible de los individuos. Pero esto es imposible. O se le quita el poder

21 Cf. M. Richir, *Du sublime en politique*, París, Payot, 1991, pp. 340, 353-355. El análisis de Richir tiene un punto criticable a nuestro juicio cuando sostiene que Schelling basa su crítica del Estado en una concepción reaccionaria frente al Estado napoleónico y a los resultados de la Revolución Francesa de 1789. Es cierto que Schelling tiene una opinión también crítica del Estado específicamente moderno, cuando afirma, rechazando al *Estado Comercial Cerrado* de Fichte, que este desemboca en la peor tiranía política. Sin embargo, esta es una crítica subsidiaria. El punto central refiere a la crítica del *concepto* de Estado como forma de unidad, que Schelling ve surgir junto con el advenimiento mismo del hombre, esto es, con la Historia, y, en cuanto tal, su crítica se aplica a *toda* forma Estatal, sea esta moderna —la peor tiranía— o patriarcal-teocrática, como en los Estados del mundo antiguo. Todos ellos comparten el punto según el cual el Estado intenta una forma de unidad coactiva, y, en cuanto tal, busca colocarse falsamente en el lugar de la voluntad universal que solo corresponde a Dios y a la legalidad de la naturaleza. La forma de unidad contraria al Estado coactivo es, pues, no el Estado premoderno, sino el amor, esto es, el vínculo en todo momento voluntario y basado en la libre elección entre las personas.

> propio al Estado, o se le da, entonces hay despotismo. [...] Por lo tanto, es muy natural que ahora, al final de este período, cuando se ha hablado de nada más que de la libertad, las mentes más consecuentes, al perseguir la idea de un Estado perfecto, llegan a la teoría del peor despotismo (el Estado comercial cerrado de Fichte, etc.). (461-462)[22]

Cabe señalar aquí que Schelling considera la libertad como una cualidad natural que corresponde a la naturaleza misma del hombre y no, a la manera de los contractualistas, como el resultado social de la vida en el Estado. Este punto constituye una prueba más del anarquismo de Schelling, ya que supone que el hombre es libre por naturaleza y, al igual que Rousseau, que su esclavitud está condicionada por la sociedad. Sin embargo, a diferencia de Rousseau, no propone la liberación sobre la base de un nuevo contrato social, sino a partir de la abolición de todos los contratos sociales-estatales.

El Estado, como la vida orgánica, tiene un ciclo de nacimiento, desarrollo y muerte, por el cual, al igual que la naturaleza, no puede alcanzar la unidad absoluta. De ahí la inestabilidad y el constante cambio y movimiento al que se halla sujeto. El Estado perfecto o ideal es solo una idea, no algo que pueda realizarse efectivamente (462).

Schelling critica de este modo al utopismo y al socialismo de Platón —presentado por este en la *República*— con un argumento según el cual es falso afirmar que la naturaleza humana se comporte como la naturaleza en general, observando una unidad orgánica y un curso uni-

22 Cf. W.A. Schulze, «Zum Verständnis der Stuttgarter Privatvorlesungen Schellings», in *Zeitschrift für philosophische Forschung* 11, 4, 1957, p. 588.

forme. Esto no es posible, porque en el reino del espíritu hay sobre todo libertad y personalidad, y cada individuo es y cuenta por sí mismo y a través de sí mismo.

Para Schelling, pues, el Estado no es una superación de la naturaleza, sino una reversión a la naturaleza más baja, a la dominación física y al uso de medios materiales y mecánicos. Por lo tanto, el hombre debe liberarse del Estado, al igual que debe superar a la naturaleza, que es meramente mecánica. El contractualismo es entonces a la filosofía política lo que el mecanicismo a la física.[23]

La caída del hombre en el Estado, en la naturaleza separada de lo espiritual, solo puede ser reparada por una nueva revelación de Dios, similar a aquella por la que Dios creó la naturaleza:

> Por lo tanto, solo a través de Dios mismo —solo Dios— puede establecer el vínculo de los mundos espiritual y natural, y [esto] solo a través de una segunda revelación, similar a la primera en la creación inicial. Aquí, pues, entra el concepto de revelación en sentido estricto como filosóficamente necesario. (462)

El concepto de revelación como *Offenlegung* o *Darlegung* es, pues, esencial para la crítica y para la superación del Estado que aquí mencionamos. Como afirmaron Agustín y Kant antes que Schelling, el hombre no puede cambiar

23 Los defensores del Estado se defienden de esta crítica pasando de los medios físicos de coerción a las creencias coercitivas ideológico-culturales. Pero la crítica al Estado como instrumento de coerción significa que el Estado no tiene derecho a utilizar medios coercitivos *en general*, y no tanto al hecho de que el Estado no se fundamente siempre en la dominación meramente física.

su situación tras la caída solo por medio de su propio esfuerzo, sino que un cambio en su corazón, es decir, en su disposición moral, requiere medios sobrenaturales.

La Iglesia

Schelling reconoce en la Iglesia al antagonista del Estado, ya que solo ella puede luchar por una unidad interior o espiritual, siempre que renuncie a los medios externos o coercitivos y se apoye, en cambio, en la convicción y la unión a través de la voluntad libre (463). La Iglesia también fracasó porque se alió con los poderes mundanos y, al igual que el Estado, utilizó la coerción contra sus oponentes. De este modo, cayó en una unidad puramente externa y en lo que hemos llamado naturaleza sin espíritu, la mera B:

> Sin embargo, una vez que se ha producido la separación entre el mundo interior y el exterior, la Iglesia no puede convertirse en una potencia externa; por el contrario, mientras exista esta separación, será empujada cada vez más hacia el interior por el poder del exterior. (463)

Schelling señala que en la época actual de Europa, desde el advenimiento del cristianismo, la humanidad ha hecho dos intentos de alcanzar la unidad. Uno a través de la Iglesia, que fracasó por su transformación en un poder externo. La otra a través del Estado, cuyo poder tiránico debe aumentar indefinidamente en la medida en que el factor de la unidad interior, es decir, la religión, retroceda cada vez más. Por esta razón, Schelling sostiene que la actual tiranía del poder político aumentará al máximo, pero que luego desaparecerá cuando su forma de unidad externa finalmente fracase:

> Solo desde la caída de la jerarquía, el Estado ha adquirido este significado, y es evidente que la presión de la tiranía política ha aumentado siempre en la misma proporción en que se pensó que se podía prescindir de la unidad interior, por lo que probablemente seguirá aumentando hasta su máximo, hasta que quizás, después de estos intentos unilaterales, la humanidad encuentre por fin lo que es correcto. (464)

¿Qué entiende nuestro autor por «forma de la unidad externa»? Sencillamente, que la unidad se superpone desde fuera y que, como en el spinozismo, los elementos que forman parte de la unidad —los individuos— son prisioneros de un todo que los sobre y predetermina, en lugar de ser ellos mismos los agentes de la forma de unidad que, personal e individualmente, quieren y reconocen. La forma de unidad por medio de la libre voluntad que Schelling llama amor, y se opone a la unidad por medio de la coerción estatal, constituye otro elemento que señala en el sentido de la lectura anarquista de Schelling que aquí proponemos.

El espíritu

Las tres potencias en el hombre son de nuevo lo real, lo ideal y su nexo o libertad, en la medida en que el hombre pueda establecer una conexión entre ambos factores o los separe cada vez más. Lo real es la resistencia del hombre al mundo, que no puede controlar ni reducir. Lo ideal, en cambio, es la transformación de este mundo en espiritualidad, en lo verdaderamente humano. Su nexo es la libertad, que puede unir o disolver la vinculación entre ambos mundos:

> A esta se opone la potencia ideal, el lado de su más alta transfiguración, su más pura espiritualidad. La intermedia o segunda es aquella por la que entra en el medio entre el mundo ideal y el real, para restablecer el vínculo de ambos mundos en sí mismo, desarrollado a través de la libertad. (465)

La tristeza inherente a toda vida finita y la melancolía que impregna toda la naturaleza son expresiones del anhelo del hombre por algo más elevado, que es, sin embargo, inalcanzable para él: «También la parte más profunda de la naturaleza es melancólica; también ella se lamenta por un bien perdido, y también toda la vida tiene una melancolía indestructible unida a ella, porque tiene debajo algo independiente de sí misma» (466).

La melancolía es la indicación subjetiva de que existe otro estado más profundo o superior en relación con el mundo actual.

En este sentido, el espíritu marca en el hombre, por un lado, la aparición de lo ideal y, por otro, su escisión respecto de lo ente y de la naturaleza en general. Porque comienza y continúa en esta escisión, el espíritu del hombre manifiesta un deseo insaciable de nuevas conquistas —la satisfacción de nuevos deseos— y de lo que

Schelling llama «el hambre de ser». Sin embargo, como esta separación del Ser existe en el hombre, vemos al mismo tiempo la imposibilidad de satisfacer esta hambre de ser y, en consecuencia, su constante expansión. El hombre es, pues, en relación con el Ser, «lo ente desnudo» o lo mero ente.

Es menester hacer dos observaciones al respecto. La primera se refiere al concepto de ansia *(Begierde)*, que Schelling ve aquí de forma negativa como una marca de finitud y, al igual que Schopenhauer, como la dinámica negativa de la pulsión de una voluntad ciega.

Por otra parte, cabe mencionar aquí que el concepto de hombre de Schelling como un ente desnudo frente al Ser también anticipa el análisis heideggeriano del *Dasein* como ese ente cuya determinación ontológica es más problemática e igualmente enigmática.

El sentimiento es lo más elevado y noble del alma, aunque sigue perteneciendo a la potencia de lo real, que es la primera en realidad, pero la última en dignidad. Por tanto, la ciencia no debe basarse en el sentimiento, como sostienen Jacobi o Hamann, sino en la mediación del sentimiento por el espíritu o lo ideal, que supera en dignidad al entendimiento.

La conexión entre el espíritu y el mal

Según Schelling, el espíritu, o el poder que trasciende el entendimiento, es el verdadero poder de la conciencia. El espíritu es, pues, la voluntad, que a su vez tiene otras tres potencias o lados. Lo real es la individualidad o voluntad propia. Lo ideal es lo general, la voluntad o entendimiento universal. La libertad es la conexión o nexo entre ambos, de modo que la voluntad propia no queda abolida sino subordinada al entendimiento o a lo universal. Ahora bien, la voluntad propia no es mala o negativa (467). En este punto, Schelling se diferencia tanto de Rousseau como de Nietzsche, que pretenden abolir lo individual en el hombre. El mal es solo la dominación ciega y unilateral de la voluntad propia, que no reconoce ninguna otra piedra de toque. El bien es la superación de esta unilateralidad del mal, sin la cual, sin embargo, no podría existir el bien, porque no existiría nada que se le oponga y que pueda servirle de base.

La voluntad propia surge como libertad precisamente cuando se establece una relación entre lo individual o real y el entendimiento, que Schelling había llamado la «voluntad en la voluntad» en el *Freiheitsschrift* (SW VII, 359-361). A continuación, trataremos esta cuestión, es decir, la esencia de la libertad.

El mal habita en el espíritu, por lo que este no puede ser lo más elevado. El mal no es ni una falta de bien ni una mera negación de la armonía, sino una desarmonía interior: «Igualmente, el mal es no una mera privación del bien, no una mera negación de la armonía interior, sino una desarmonía positiva» (467-468).

El espíritu, pues, en la multiplicidad de sus juicios, no puede distinguir entre la verdad y el error. El error no es solo una privación de la verdad —como sostienen las teorías racionalistas que conciben al mal como *privatio boni* o *per accidens*— sino algo positivo, una inversión del espíritu mismo o un espíritu invertido.

El mal implica, como afirma Heidegger elegantemente, un «desbaratamiento de lo ente», es decir, un intento de disolver y reordenar los elementos que constituyen el Ser o el Bien. Como tal, el mal no pertenece, pues, a la sensibilidad, sino que surge de la esencia misma de la razón.

El alma

Para Schelling, el alma es lo divino en el hombre y, al igual que el intelecto agente en Aristóteles o el tercer género de conocimiento en Spinoza, el alma es lo impersonal a lo que debe subordinarse lo personal que habita en el espíritu.

El alma es incapaz de maldad o error porque no tiene el elemento personal que caracteriza lo negativo en el hombre (468).

La salud del ánimo —así como del espíritu y del alma— se basa en un desarrollo constante entre los tres, y especialmente en una relación estable entre el espíritu y el alma, que representa a Dios en el ánimo. Sin esta relación con Dios, el hombre no puede existir ni un momento (469).

Sin Dios, el hombre se hunde en lo no-ente. La enfermedad y el mal, por lo tanto, surgen de una ruptura de la conexión entre las diversas potencias del espíritu y Dios y el hombre, o entre el alma impersonal y el espíritu que representa la personalidad.

Lo no-ente, es decir, lo carente de entendimiento, es la base del entendimiento humano y del espíritu mismo. La esencia del espíritu humano, en la medida en que brota de lo no-ente, es, por tanto, la locura. La locura se produce, según Schelling, cuando lo no-ente intenta erigirse en ente y alcanzar una esencia propia (470).

La locura y el mal son el signo de una voluntad escindida del centro, libre de recrear lo universal con sus propios poderes. En este sentido, todo espíritu y voluntad humanos contienen una medida de locura que no puede ser eliminada, aunque puede ser sometida a reglas y controlada por el alma o el principio divino. La locura es un elemento necesario —creativo— del espíritu, pero que no debe manifestarse, sino permanecer en un segundo plano. Por eso Schelling dice que el entendimiento no puede emprender nada grande si no contiene una cierta dosis de locura: «Las personas que no tienen locura en ellos son hombres de entendimiento vacío y estéril. [...] La locura surge como un signo terrible de lo que es la voluntad en la separación de Dios» (470).

El error, como sabemos, resulta de la subordinación del alma a la voluntad propia, es decir, a lo individual. Pero vemos cómo el error y el mal van entonces de la mano con la libertad humana, que Schelling caracteriza en parte como una posición intermedia entre el alma y el ánimo. Cuando el espíritu y la voluntad siguen al alma, actúa el bien; cuando siguen a la voluntad propia, el mal. Schelling parece dar a entender que el mal se deriva de la voluntad propia, pero como sabemos, este no es el caso. Más bien, el mal depende de una relación invertida entre la voluntad propia y lo universal, en este caso el alma, de manera que la voluntad propia se relaciona con el alma, subordinándola unilateralmente a sus dictados. No es la voluntad propia el origen del mal, sino su conexión con el intento de dominación del alma (470-471).

El alma no tiene ya más etapas, sino que es una unidad divina absoluta. Sin embargo, puede relacionarse alternativamente con lo real y con lo ideal. El arte es la relación del alma con lo real. Aquí, el anhelo y la fuerza de sí *(Selbstkraft)* funcionan como herramientas del arte, subordinándose al alma como a lo ideal. En el arte se produce una completa compenetración de ambos factores, de modo que por un momento se restablece la unidad o inocencia de la naturaleza (471).

La filosofía es la relación del alma con el sentimiento y el entendimiento. De esta relación surgen las ciencias y la razón. Sin embargo, no hay motivo para enfrentar a ambas, como sucede con el entendimiento y la razón, pues en realidad son una sola facultad, correspondiendo el elemento activo al entendimiento y el pasivo, o sometido a un poder superior, a la razón (471-472).

Schelling afirma que la naturaleza de la razón consiste en la sumisión a los impulsos del alma, y por eso la razón es a la filosofía lo que el espacio es a la geometría: su presupuesto primordial (SW V, 382-383). De hecho, la razón es, en su fundamento, la piedra de toque de la verdad. No produce la verdad por sí misma, sino que rechaza lo que es falso, es decir, lo que no proviene del alma, sino de la personalidad, de la voluntad propia o de lo subjetivo (472).

Las producciones de la razón incluyen también un principio oscuro que proviene del sentimiento y sin el cual no se puede acometer nada, afirma Schelling. El sentimiento, sin embargo, no es lo más elevado, salvo en conexión con el alma y con la razón (472-473).

La estructura de la filosofía se completa así con la relación del alma con la voluntad y el ansia *(Begierde)*, que, según Schelling, produce la constitución moral del alma, la virtud en el sentido más elevado. Esta no consiste en la bondad de la acción individual, sino en la formación de un carácter moralmente excelente.

El imperativo categórico de Kant es interpretado por Schelling como el rechazo a recibir en la acción las influencias de la personalidad, es decir, lo subjetivo, recibiendo en cambio solo directivas del alma, de la cual provienen los elementos impersonales y universales (473).

En este punto, Schelling introduce un principio que está por encima de la voluntad, que Kant no reconoce como determinante de la voluntad del hombre. Por ello, la moral de Schelling tiene un componente metafísico que la moral kantiana no posee.

El amor, la unión de elementos diversos y la religión

La religión como obra del amor es la acción pura y más elevada del alma. Aquí Schelling atribuye a la religión la cumbre de la virtud, la verdad y la belleza que antes había atribuido al arte (1800) y a la filosofía (1802/1803). Sin embargo, puesto que relaciona la religión con el amor, y la filosofía es la ciencia que podemos llamar el «amor de la sabiduría», la religión se convierte en una especie de filosofía y viceversa. Lo importante en este discurso es que la culminación del alma humana —y, por tanto, de toda la metafísica y la moral— es el amor, a través del cual los diversos elementos se unen y se restablece una forma de unidad relativa entre Dios y la naturaleza y entre los propios seres humanos (473-474).

El hombre se constituye así como la cumbre de la naturaleza y el vínculo entre la naturaleza y Dios. Sin embargo, a través de su corporeidad, sigue perteneciendo a la naturaleza, es decir, a la primera potencia o a lo real, de modo que solo después de la muerte el hombre asciende a la segunda potencia, al mundo espiritual. La muerte es necesaria para el hombre, metafísicamente hablando, porque hay dos principios contradictorios en su corazón, lo ente verdadero —el alma o el bien— y lo no-ente, que intenta establecerse como lo ente y desplazar a lo verdadero ente, es decir, el espíritu, la voluntad propia o el mal. La libertad como capacidad del bien y del mal se despierta en el hombre como una lucha entre los dos principios, una lucha que solo se resuelve con la muerte, que es una transición completa hacia el reino de lo ente, es decir, de lo ideal.

La consideración del mal en las lecciones, como en el escrito sobre la libertad, es compleja y dual. Por un lado, el mal real es culpa del hombre, ya que requiere la realización de su voluntad o libertad particular como fundamento de la máxima de la acción. Por otra parte, la posibilidad del mal reside también en el carácter mixto entre lo ente y lo no-ente, que caracteriza a la naturaleza y del que, como se ha dicho, el hombre participa a través del cuerpo (474).

Según Schelling, el hombre tiene ante sí la posibilidad del bien y del mal, pero su espíritu es, de hecho, bueno o malo, ya que debe decidir en cada caso un curso de acción. Por eso, Schelling dice que la indecisión ante el bien es también un tipo de decisión, a saber, la aceptación solo condicional del bien:

> El espíritu del hombre es necesariamente una cosa decidida (más o menos decidida, por cierto; entretanto, la indecisión es en sí misma de nuevo decisión, es decir, querer el bien solo condicionalmente); de ahí que el espíritu del hombre es bueno o malo. (475)

La naturaleza, en cambio, está indecidida. En ella dormita el conflicto entre el bien y el mal que espera su resolución en el hombre. La naturaleza sobrevive como unidad solo frente a este conflicto porque, como afirmara ya Hölderlin en *Juicio y ser,* de 1795, la unidad es anterior a la división y en ella quedan rastros de aquella unidad original:

> Es cierto que la naturaleza se habría desmoronado hace tiempo por este conflicto interno si no fuera de origen posterior, si la escisión no fuera posterior a la unidad: ahora está separada, pero siempre se mantiene unida por la unidad original. (475)

En la naturaleza, como en el hombre, siempre hay una mezcla de bien y de mal, sin cuya interacción lo real no es capaz de mantenerse en equilibrio. Así, ni el bien ni el mal pueden reinar completamente, pero incluso en el mal más atroz hay un rastro de bien, y nunca puede destruir completamente el bien que hay en el ánimo.

Como hemos visto, la muerte es la liberación del hombre de lo no esencial y su entrada en lo puramente espiritual o A^2.

Dado que el hombre siempre está dividido entre el bien y el mal, su espíritu también está dividido entre el espíritu y su apariencia externa. En su exterioridad, el hombre está sometido a lo involuntario y a lo inevitable o, como afirmaba Schelling en 1800 y en *Filosofía del arte*, al destino o a la necesidad (SW III, 615-617, IV, 252-257, V, 384). Solo cuando el hombre se libera de lo inesencial, que se expresa en el mal y, por tanto, de toda B de la naturaleza, puede aspirar a un bien puro y duradero y entrar plenamente en lo espiritual.

El mal está en el espíritu, y desde él infecta el cuerpo. El cuerpo no contiene el mal, sino, al contrario, solo el bien. Sin embargo, el cuerpo tiene en sí mismo, precisamente, un principio espiritual (475-476).

El cuerpo puede contener tanto el bien como el mal, por lo que depende del espíritu sembrar la unidad o la discordia en él. Siguiendo el mito griego de la metempsicosis —adaptado a una cosmovisión cristiana— Schelling afirma que llevaremos con nosotros el bien y el mal que hagamos en este mundo al mundo posterior a la muerte.

Con la muerte, el bien que el hombre ha hecho se incorpora a Dios, el A^2 absoluto: «El A^2 divino como absoluto es necesariamente también el bien absoluto, y en este sentido nadie es bueno sino solo Dios» (476-477), mientras que el mal es expulsado, por mediación de la naturaleza, del A^2 divino en el que aún se encontraba. Este proceso se asemeja a una escatología del fin del mundo, según la cual el mal es devuelto a la irrealidad total. Sin embargo, sabemos que esto no es posible mientras existan la libertad y la acción humanas, por lo que Schelling lo reserva para la época del mundo llamada «futuro».

Al principio de esta sección, Schelling toca un punto teológico y antropológico central, a saber, que solo Dios es absolutamente bueno y puede querer plenamente el bien. Esta doctrina se asemeja a la de Kierkegaard, según la cual la pureza del corazón consiste en querer una sola cosa, o a la de Kant, para quien existe, en última instancia, una equiparación entre el bien y la libertad absoluta, que solo se da en Dios pero no en el hombre *(Fundamentación de la metafísica de las costumbres,* AA V, 147).

Después de la muerte, el espíritu se libera de lo accidental para que lo esencial en él se fortalezca. Según Schelling, toda la debilidad del hombre proviene del espíritu, por lo que es muy difícil alcanzar el bien puro en esta vida, así como lo completamente demoníaco, en el que el mal se manifiesta abiertamente (477).

A diferencia de Hegel, cuya filosofía del espíritu se ocupa de la antropología, la historia y la filosofía, la filosofía del espíritu de Schelling es una construcción basada en su escatología y en el motivo platónico-cristiano del más allá. El espíritu es, por un lado, lo que trasciende la razón pero está subordinado al alma, por lo que también es una apariencia de lo fantasmal o espectral, que asociamos con el estado del alma después de la muerte (478-479).

Explicación del mito cristiano de la Caída

Entre Dios y el hombre había originalmente entes intermedios, que también son capaces de la libertad, es decir, de hacer el bien y el mal, ya que, como el hombre, se sitúan entre lo ente y lo no-ente. La tarea de estos entes era restaurar la conexión entre el espíritu y la naturaleza que se había perdido tras la creación. Sin embargo, lo ente espiritual quería ser el señor del mundo visible, al que estaba predestinado a dominar, pero sin recurrir a Dios, es decir, confiado solo en su propio poder. Este hecho, según Schelling, condujo a su caída y, por tanto, a la separación de la naturaleza de Dios. Ahora es el momento de que el hombre intente de nuevo conectar los dos mundos, y es precisamente por esta razón que lo ente caído intenta separar al hombre, al espíritu completamente de la naturaleza, para erigirse en su amo sin Dios a través del hombre. Por lo tanto, corresponde al hombre redimir la naturaleza del espíritu y rechazar la tentación del mal, es decir, seguir solo su propia naturaleza, sin la ayuda de Dios. Pero, dice Schelling, el hombre es demasiado malo incluso para el diablo, ya que su corazón no contiene en su interior un mal puro y eminentemente espiritual, sino una mezcla de bien y de mal que afecta a toda la naturaleza y amenaza con disolver no solo el espíritu, sino a todo lo ente en su conjunto (479).

Tanto la naturaleza como el espíritu son «mundos», porque son sistemas de objetos que obedecen a una lógica interna. La naturaleza y el espíritu son como la escultura y la poesía en el arte. La naturaleza es la realización externa y la poesía, la autoactividad interiormente sentida del sujeto. En esta historia, el hombre es un mediador que hace surgir el drama visible, la realización real de sus creaciones espirituales. Por ello, la historia puede verse como una gran tragedia que se desarrolla en el teatro del mundo, pero en la que las personas que actúan pertenecen a un mundo superior. En el mundo del espíritu, como sostenía Platón, hay arquetipos; en el mundo de la naturaleza hay imágenes o formaciones imaginativas *(Ineinbildungen)* (480).

Al igual que Leibniz, Schelling atribuye una conexión o comunicación entre los dos mundos sobre la base de una armonía preestablecida, que también describe como necesaria. El propio universo es a la vez espiritual y natural en su esencia, como afirmara ya en *Bruno o sobre el principio divino y natural de todas las cosas*, el diálogo de 1802 (480).

Al final de las lecciones, Schelling introduce su predicción sobre el curso futuro del mundo, que hemos llamado el panteísmo del futuro, ya que la unidad de todo en todo descrita aquí no existe en el mundo presente, que se caracteriza por la primacía de lo real. El proceso de convertirse en un mundo consiste, pues, en primer lugar, en una idealización, es decir, en una ampliación creciente del ámbito espiritual. Entonces, y finalmente, tenemos la subordinación de ambas fuerzas, la real y la ideal, a la identidad absoluta que no excluye ni disuelve ninguna de ellas, sino que las subordina a una unidad superior. Según Schelling, los signos de este futuro panteísmo son cuatro. El primero tiene que ver con lo incompleto de la beatitud en este mundo. El segundo se refiere al anhelo de unidad de la naturaleza, que para ella implica el reposo de la lucha incesante entre los elementos, como decía Miklos Vetö: la naturaleza disuelve todo lo estable para alcanzar la unidad absoluta en el reposo, en el cese de los opuestos.[24] En tercer lugar, vemos que Dios mismo se esfuerza por restaurar la unidad y no puede dejar su obra inacabada, es decir, la naturaleza separada del espíritu. Finalmente, encontramos que las fuerzas diferenciadas en

24 Cf. M. Vetö, *De Kant à Schelling*, *op. cit.*, 318.

lo Real deben volver a sí mismas en su despliegue, como en las hipóstasis neoplatónicas, y también lograr la unidad de todos sus períodos: pasado, presente y futuro. La unidad, pues, para Schelling, según nuestra hipótesis de trabajo, es algo que ya ha sido y que aún no es, así como algo que será pero que todavía no es (482).

El proceso del fin del mundo consiste en la purificación de la naturaleza y, por tanto, en la separación del bien y del mal y la caída de este último en la irrealidad total. Lo no-sensible se convierte así en la base de la naturaleza, pero ya no se presenta como una unidad. El mal queda así superado en el panteísmo del futuro (el panteísmo del futuro no puede existir), ya que la naturaleza, es decir, lo no-ente, se une de nuevo a Dios (482-483).

El hecho de que lo implícito se vuelva al final explícito es una alusión a la metafísica neoplatónica y, en particular, a Nicolás de Cusa, que hablaba de un Dios implícito y explícito (483-484).

El carácter mixto del hombre es más querido por Dios que el espíritu puro, pues así el hombre actúa como redentor de la naturaleza y la naturaleza como redentora del hombre.

Underwood Vaught habla de este período de la metafísica de Schelling como uno en el que lo finito se convierte en el modo de existencia privilegiado del sistema, desplazando a lo infinito mismo. Esto se confirma al final de las *Lecciones* cuando Schelling afirma que lo infinito se convierte en finito sin disminuir su infinitud, es decir, el mundo, como el arte simbólico, se convierte en una obra de arte que se cierra sobre sí misma.

Bibliografía consultada y de interés general sobre Schelling

Alderwick, C., *Schelling's Ontology of Powers*, Edimburgo, Edinburgh University Press, 2021.

Astrada, C., «Estudio preliminar sobre la filosofía de Schelling», en F.W.J. Schelling, *Sobre la esencia de la libertad humana y los temas con ella relacionados*, Buenos Aires, Juarez Editor, 1969.

Baumgarten, H.-U., «Das Böse bei Schelling», *Kant-Studien* 91, 2000, pp. 447-459.

Beck, L.W., «Five concepts of Freedom in Kant», en J.T.J. Srzednick y S. Korner (eds.), *Philosophical Analysis and Reconstruction*, Dordrecht, Martinus Nijhoff, 1987, pp. 35-51.

Beiser, F.C., *German Idealism. The Struggle against Subjectivism,* Cambridge, Harvard University Press, 2002.

Bergo, B., «The birth pangs of the absolute: Longing and Angst in Schelling and Kierkegaard», en I. Ferger y H. Keenan (eds.), *Philosophy's Moods: The Affective Grounds of Thinking*, Londres, Springer, 2011, pp. 105-121.

Bernstein, R.J., *El mal radical. Una indagación filosófica,* Buenos Aires, Lilmod, 2005.

Bowie, A., *Schelling and modern european philosophy. An introduction*, Londres, Routledge, 1993.

Brata Das, S., *The Political Theology of Schelling*, Edimburgo, Edinburgh University Press, 2016.

Carrasco Conde, A., *La limpidez del mal*, Madrid, Plaza y Valdés, 2013.

Falgueras Salinas, I., «Estudio introductorio», en F.W.J. Schelling, *Lecciones muniquesas para la historia de la filosofía moderna*, Málaga, Edinford, 1993, pp. 19-100.

Ffytche, M., *The Foundation of the Unconscious. Schelling, Freud and the Birth of the Modern Psyche*, Cambridge, Cambridge University Press, 2011.

Fischbach, F., «La pensée politique de schelling», *Les Études philosophiques* 56, 2001, pp. 31-48.

Fisher, N., «Freedom as Productivity in Schelling's Philosophy of Nature», en G.A. Bruno (ed.), *Schelling's Philosophy: Freedom, Nature, and Systematicity*, Oxford, Oxford University Press, 2020, pp. 53-70.

Frank, M., «"Identity and non-identity": Schelling's path to the "absolute system of identity"», en L. Ostaric (ed.), *Interpreting Schelling: Critical Essays*, Cambridge, Cambridge University Press, 2014, pp. 120-144.

Friedrich, H.-J., *Der Ungrund der Freiheit im Denken von Böhme, Schelling und Heidegger*, Stuttgart/Bad Cannstatt, Frommann-Holzboog, 2009 (*Schellingiana 24*).

Gabriel, M., «Schelling on the Compatibility of Freedom and Systematicity», en G.A. Bruno (ed.), *Schelling's philosophy: Freedom, nature, and systematicity*, Oxford, Oxford University Press, 2020, pp. 137-153.

Gaudio, M., «Schelling. En el vientre de Dios», en B. von Bilderling (comp.), *Tras los pasos del mal. Una indagación en la filosofía moderna*, Buenos Aires, Eudeba, 2008, pp. 229-254.

Gerlach, S., *Handlung bei Schelling. Zur Fundamentaltheorie von Praxis, Zeit und Religion im mittleren und späten Werk*, Frankfurt, Vittorio Klostermann, 2019.

Gourdain, S., «Das Ethos des Denkens, ein Ethos der Muße. Überlegungen im Anschluss an Heidegger und Schelling», en T. Jürgasch y T. Keiling (eds.), *Anthropologie der Theorie*, Tubinga, Mohr Siebeck, pp. 275-295.

HABERMAS, J., «Libertad y determinismo», en *Entre el naturalismo y la religión*, Barcelona, Paidós, 2006, pp. 159-187.

—, *Das Absolute und die Geschichte*, Bonn, Bonn Universität, 1954.

HARTMANN, N., *La filosofía del idealismo alemán*, Buenos Aires, Sudamericana, 1960.

HEGEL, G.F.W., *Ciencia de la lógica* (1812-1816), Buenos Aires, Las Cuarenta, 2013.

—, *Fenomenología del espíritu* (1807), Ciudad de México, FCE, 2012.

—, *La diferencia entre los sistemas filosóficos de Fichte y Schelling* (1801), Madrid, Gredos, 2010.

—, *Werke*, 20 tomos, E. Moldenhauer y K.M. Michel (eds.), Frankfurt, Suhrkamp, 1971-1986.

HEIDEGGER, M., «La época de la imagen del mundo» (1938), en *Caminos del bosque*, Madrid, Alianza, 1995, pp. 75-109.

—, *El tratado de Schelling sobre la esencia de la libertad humana (1809)*, Buenos Aires, Waldhuter, 2015.

—, *Schelling: Vom Wesen der menschlichen Freiheit (1809)*, en *Gesamtausgabe II. Abteilung: Vorlesungen 1919-1944*, Band 42, Frankfurt, Vittorio Klostermann, 1988.

HERMANNI, F., *Die letzte Entlassung. Vollendung und Scheitern des abendländischen Theodizee-proyektes in Schellings Philosophie*, Viena, Passagen Verlag, 1994.

JUSSAUME, A., «Schelling's Metaphysics of Love», *Idealistic Studies* 48(3), 2018, pp. 211-236.

KANT, I., *Crítica de la razón pura*, Buenos Aires, Colihue, 2009.

—, *Kant's gesammelte Schriften*, XXVI vols., Berlín/Gotinga, Preussiche/Deutsche Akademie der Wissenschaften, 1902.

KOSCH, M., *Freedom and Reason in Kant, Schelling, and Kierkegaard*, Oxford, Clarendon Press, 2006.

Koyré, A., *Místicos, espirituales y alquimistas del siglo xvi alemán*, Madrid, Akal, 1981.

Leibniz, G.W., *Discurso de metafísica* (1686), en *Escritos filosóficos*, E. de Olaso (ed.), Buenos Aires, Charcas, 1982, pp. 279-327.

—, *Monadología* (1714), Buenos Aires, Orbis, 1983.

Leyte, A., *Las épocas de Schelling*, Madrid, Akal, 1998.

— y Rühle, V., «Estudio introductorio», en F.W.J. Schelling, *Investigaciones filosóficas sobre la esencia de la libertad humana y los objetos con ella relacionados* (1989), Barcelona, Anthropos, 2000, pp. 7-100.

Lindberg, S., «The Remains of the Romantic Philosophy of Nature: Being as Life, or the Plurality of Living Beings?», *CR: The New Centennial Review* 10(3), 2010, pp. 37-54.

López-Domínguez, V., «Estudio preliminar», en F.W.J. Schelling, *Filosofía del arte*, Madrid, Tecnos, 1999, pp. ix-xliv.

Marquet, J.-F., *Liberté et existence*, París, Cerf, 1973.

—, «Schelling et l'histoire de la philosophie», *Archives de Philosophie* 39(4), 1976, pp. 567-617.

—, «Schelling et l'anticipation de l'éternité», *Les Études philosophiques* 2, 1981, pp. 141-153.

Mclachlan, J., «"I've Loved You Since the Beginning of Time": The Problem of the Person in Boehme, Schelling, Dostoevsky, Errol Flynn, and Jan Olof Bengtsson», *The Pluralist* 3(2), 2008, pp. 81-99.

Müller-Lüneschloss, V., *Über das Verhältnis von Natur und Geisterwelt Ihre Trennung, ihre Versöhnung, Gott und den Menschen. Eine Studie zu F.W.J. Schellings »Stuttgarter Privatvorlesungen« (1810) nebst des Briefwechsels Wangenheim – Niederer – Schelling der Jahre 1809/1810*, Stuttgart-Bad Cannstatt, Frommann-Holzboog, 2012.

Nassar, D., *The romantic absolute*, Chicago, University of Chicago Press, 2014.

Neiman, S., *El mal en el pensamiento moderno. Una historia no convencional de la filosofía*, Ciudad de México, fce, 2012.

Nietzsche, F.W., *El origen de la tragedia* (1872), Buenos Aires, Terramar, 2005.

—, *Kritische Studienausgabe*, 15 tomos, G. Colli y M. Montinari (eds.), Múnich, de Gruyter, 1967-1977.

Oser, T., *Sprünge über den Horizont des Denkens. Interpretationen zum mittleren Schelling 1806-1811*, Tesis de doctorado, Berlín, Freie Universität Berlin, 1997.

Peirce, C.S., *Collected Papers of Charles Sanders Peirce*, C. Hartshorne y P. Weiss, (eds.), Cambridge, Harvard University Press, 1960.

Pérez-Borbujo, F., *Schelling. El sistema de la libertad*, Barcelona, Herder, 2004.

Pinkard, T., «How to Move from Romanticism to Post-Romanticism: Schelling, Hegel, and Heine», *European Romantic Review* 21(3), 2010, pp. 391-407.

Richir, M., *Du sublime en politique*, París, Payot, 1991.

Rosenfield, D.L., *Del mal. Ensayo para introducir en filosofía el concepto del mal*, Ciudad de México, fce, 1993.

Safranski, R., *El mal o el drama de la libertad*, Barcelona, Tusquets, 2002.

Scheerlinck, R., *«Philosophie und Religion» – Schellings Politische Philosophie*, Múnich, Alber, 2017.

Schelling, F.W.J., *Ages of the world (second draft, 1813)*, Ann Arbor, University of Michigan Press, 1997.

—, *Die Weltalter. Fragmente. In dem Urfassungen von 1811 und 1813* (1946), M. Schröder (ed.), Múnich, Beck, 1993.

—, *Investigaciones filosóficas sobre la esencia de la libertad humana y los objetos con ella relacionados*, Barcelona, Anthropos, 2000.

—, *Lecciones muniquesas para la historia de la filosofía moderna*, Málaga, Edinford, 1993.

—, *System of philosophy in general and of the philosophy of nature in particular* (1804), en T. Pfau, *Idealism and the endgame of theory*, Albany, SUNY Press, 1994, pp. 139-194.

—, *Philosophie de l'art*, Grenoble, Jérôme Millon, 1999.

—, *Schellings Sämtliche Werke*, XIV tomos, K.F.A. Schelling (ed.), Stuttgart, Cotta, 1856-1861.

SCHOPENHAUER, A., *El mundo como voluntad y representación* (1819), 2 vols., Buenos Aires, Losada, 2014.

SCHULTE, C., «Ẓimẓum in the Works of Schelling », *The Jerusalem Philosophical Quarterly* 41, 1992, pp. 21-40.

SCHULZE, W.A., «Zum Verständnis der Stuttgarter Privatvorlesungen Schellings », *Zeitschrift für philosophische Forschung* 11(4), 1957, pp. 575-593.

SCHWAB P. «A = A. Zur identitätslogischen Systemgrundlegung bei Fichte, Schelling und Hegel», en D. Emundts y S. Sedgwick (eds.), *Logik Logic*, Berlín, de Gruyter, 2017, pp. 261-290.

SCHWENZFEUER, S., «Erfahrungen des Ethischen. Überlegung zu Schelling, Kant und Jonas», en C. Danz y P. Leistner (eds.), *Schelling in Würzburg*, Stuttgart/Bad Cannstatt, Frommann-Holzboog, 2017, pp. 103-128.

SNOW, D., *Schelling and the end of idealism*, Albany, SUNY Press, 1996.

SPINOZA, B., *Epistolario*, Buenos Aires, Colihue, 2007.

—, *Ética demostrada según el orden geométrico*, Buenos Aires, FCE, 1977.

—, *Opera*, 4 tomos, C. Gebhardt (ed.), Heidelberg, Winter, 1925.

Sulzer, C., «Schelling, l'art et l'absolu», en F.W.J. Schelling, *Philosophie de l'art*, Grenoble, Jérôme Millon, 1999, pp. 5-45.

Theunissen, M., «Schellings anthropologischer Ansatz», *Archiv für Geschichte der Philosophie* 47, 1965, pp. 174-189.

Tilliette, X., *Schelling, une philosophie en devenir*, 2 vols., París, Vrin, 1970.

Underwood Vaught, A., *The Specter of Spinoza in Schelling's* Freihcitsschrift, Tesis de doctorado, Villanova, Villanova University, 2011.

Vetö, M., *De Kant à Schelling. Les deux voies de l´idéalisme allemand*, 2 vols., Grenoble, Jérôme Millon, 2000.

—, *Le fondement selon schelling* (1977), París, L'Harmattan, 2002.

Waibel, V.L., Danz C. y Stolzenberg, J., *Systembegriffe um 1800-1809. Systeme In Bewegung. System der Vernunft. Kant und der deutsche Idealismus*, tomo iv, Hamburgo, Felix Meiner, 2018.

Whistler, D., *Schelling's theory of symbolic language*, Oxford, Oxford University Press, 2014.

White, A., *Schelling: An Introduction to the System of Freedom*, New Haven, Yale University Press, 1983.

Žižek, S., *The indivisible remainder. An essay on Schelling and related matters* (1996), Londres, Verso, 2007.

Zöller, G., «German Realism: The Self-Limitation of Idealist Thinking in Fichte, Schelling, and Schopenhauer», en K. Ameriks (ed.), *Cambridge companion to german idealism*, Nueva York, Cambridge University Press, 2017, pp. 292-313.

Sobre esta traducción

Esta traducción se hizo siguiendo dos versiones similares del original alemán. Nos referimos a las *Schellings Sämtliche Werke,* de 1856-1861, y a la nueva edición de la *Historisch-kritische Ausgabe* de la academia bávara de ciencias. Por motivos de elegancia incluimos solo la paginación de las SW, que se encuentra también en la edición de AA.

Asimismo, hemos cotejado nuestra traducción con dos versiones en francés del texto, la de Jankelevitch y la de Miklos Vetö, de 1973, así como con la traducción inglesa de Thomas Pfau de 1994 en *Idealism and the Endgame of Theorie.* Ninguna de ellas es inobjetable. En primer lugar, porque el paso del tiempo ha aclarado la necesidad de adecuarse a ciertas precisiones terminológicas, por ejemplo, la traducción de *Wesen* como «esencia», y no como «ser», la cual pervierte toda la construcción filosófica de Schelling. En segundo lugar, porque varias de ellas se esfuerzan por mejorar estilísticamente el texto introduciendo muchos cambios subjetivos y modificando el sentido y la escritura un poco áridos de las *Lecciones,* que nuestra traducción busca mantener en su literalidad recogiendo la expresión misma de Schelling.

Hemos considerado además las traducciones de Altman y de Leyte y Rühle del escrito sobre la esencia de la libertad humana de 1809, así como la traducción castellana del *Bruno* de 1802, realizada por Francisco Pereña. Procuramos, sin embargo, corregir los errores terminológicos anteriormente aludidos.

Asimismo, tuvimos en cuenta para nuestra versión en castellano tres textos que, podríamos afirmar, han fijado recientemente la terminología técnica del idealismo alemán. El primero es la traducción de Mario Caimi de la *Crítica de la razón pura* de Kant, en 2006. El segundo es la ya clásica traducción de Rodolfo Mondolfo de la *Ciencia de la lógica* de Hegel. Finalmente, la traducción del profesor García Belsunce de la obra precrítica de Kant, *Fundamento de la única prueba posible de la existencia de Dios*, que contiene el comienzo de mucha de la terminología técnica heredada luego por el idealismo alemán, por ejemplo, el verbo *setzen* y su versión sustantivada, *Setzung*, que traducimos por «poner» y «posición», respectivamente.

Por lo que refiere a la terminología técnica de Schelling en alemán y español, sirva, pues, el siguiente glosario técnico, cuyas equivalencias hemos procurado mantener a lo largo de todo el texto:

Setzen = poner
Versetzen = transferir/transponer
Setzung = posición
Seyende = ente, lo ente
Nichtseyende = no-ente, lo no-ente
Sein = ser
Für sich = para sí (por sí en otros contextos)
An sich = en sí
Wesen = esencia
Urwesen = esencia originaria
Das Absolut = lo absoluto
Wirklich = efectivo, real
Real = real
Aufheben/Aufhebung = supresión

Entzweiung = escisión
Mensch = hombre (como género humano)
Menschliche = humano
Gemüt = ánimo
Geist = espíritu
Seele = alma
Selbstheit = mismidad
Selbstsein = ser sí mismo
(Das) Band = el nexo
Kraft = fuerza
Macht = poder
Potenz = potencia
Entgegensetzen = contraponer
Anschauen = intuir
Darstellen = presentar
Vorstellen = representar
Vermögen = facultad
Fähigkeit = capacidad

Lecciones privadas de Stuttgart

[1,7, 421] ¿Hasta qué punto es posible un sistema? Respuesta: existía un sistema mucho antes de que el hombre pensara en crear uno: el sistema del mundo *(das System der Welt)*. Encontrarlo, pues, es la verdadera tarea. El verdadero sistema no se puede inventar; solo se puede encontrar como ya existente en sí mismo, en particular, en el entendimiento divino. La mayoría de los sistemas filosóficos son meras obras de sus autores, bien o mal inventadas, que se comportan casi como nuestras novelas históricas (por ejemplo, el leibnizianismo). Reivindicar un sistema en este sentido como el único posible es altamente antiliberal, escolástico. Les aseguro que yo no he querido contribuir a ello.

Sin embargo, ni siquiera el verdadero sistema puede encontrarse en su totalidad empírica, pues para ello se requeriría el conocimiento de todos, incluso de los miembros más individuales del mismo.

Si lo que se va a encontrar es un sistema del mundo, este debe 1) tener como sistema del mundo un principio que se sostenga a sí mismo, que esté en y por sí mismo, que se reproduzca en cada parte del conjunto; 2) no debe excluir nada (por ejemplo, la naturaleza), ni subordinar nada unilateralmente o incluso suprimirlo; 3) debe tener un método de desarrollo y progreso en el que se puede asegurar que ningún medio esencial pueda ser omitido.

¿Qué es principio de mi sistema? Este principio se ha expresado de varias maneras: a) como principio de identidad absoluta por excelencia, que debe distinguirse de la uniformidad absoluta; la identidad que aquí se entiende es una [I,7,422] unidad orgánica de todas las cosas. En todo organismo hay unidad, sin que por ello se piense que sus partes podrían considerarse una misma cosa. En el cuerpo humano, por ejemplo, todas las diferencias de órganos y funciones se disuelven en una vida indivisible, cuya sensación de indivisibilidad y armonía es la sensación de bienestar, pero las partes y funciones que forman este conjunto orgánico no son, por tanto, una misma cosa; el estómago, por ejemplo, no realiza las funciones del cerebro, etc.

b) Este principio se expresó más claramente como la identidad absoluta de lo real y lo ideal. La opinión aquí no es [esto no quiere decir] que lo real y lo ideal sean numérica o lógicamente uno y lo mismo; se trata de una unidad esencial; una y la misma cosa se ponen *(gesetzt)*, en efecto, en ambas formas, pero en cada una de ellas es una esencia propia y no uniforme. Si, por ejemplo, Jacob se llamaba Israel, era siempre el mismo individuo, que no fue individualizado de forma diferente por los distintos nombres. Pero no es así con la identidad de lo real y lo ideal. Supongamos, por ejemplo, que A / (B = C) , aquí B y C son idénticas, porque son A en esencia, pero son diferentes entre sí como formas, o por sí mismas. B no puede devenir eternamente en C, C no puede devenir en B; igualmente A en B y A en C son, cada una, una esencia propia. Precisamente porque la misma esencia está en cada uno, hay una conexión esencial (es decir, no meramente formal, lógica o nominal) entre ellos, pero al mismo tiempo una verdadera oposición o dualismo, en el sentido de que no pueden suprimirse mutuamente entre sí. Pues por el hecho de que A se individualiza en B y en V, ambos reciben el mismo derecho a existir.

¿Por qué, entonces, hemos determinado el primer principio como la identidad de lo real y lo ideal? En primer lugar, para indicar que ni lo real ni lo ideal como tales son lo Primero o lo Absoluto, sino que ambos son solo formas subordinadas de la [propia] esencia originaria. Sin embargo, también debería afirmar positivamente que la misma esencia está en ambos. Mi principio se explica mejor [I,7,423] con referencia a la filosofía de Fichte. Fichte saca la conclusión: nada existe salvo lo que es para sí. Ahora solo el yo es para sí. Por lo tanto, etc. Ahora bien, yo niego la cláusula subordinada. Pues el sujeto y el objeto son la forma general tanto en la materia como en el yo (dónde, pues, desde el otro lado, radica de nuevo la diferencia, esto solo se mostrará en lo que sigue): así, por ejemplo, en el cuerpo la fuerza repulsiva es la objetiva, la atractiva, con respecto al cuerpo, la fuerza que vuelve a él mismo es la subjetiva. Fichte ignora este dualismo asociado a la identidad.

c) En una tercera expresión, el principio de mi filosofía fue llamado el Absoluto o Dios. Pero el Absoluto es aquí el principio de toda la filosofía; este es únicamente un Todo, vive y entreteje en Dios, mientras que el sistema dogmático o Leibniz-Wolffiano, así como el kantiano, introducen a Dios solo *post facto*. La diferencia entre mi filosofía y la filosofía en general y la teología, con la que está relacionada, es que la teología es más bien un mero *abstractum* de la filosofía; ella toma a Dios como un objeto especial, mientras que la filosofía al mismo tiempo considera a Dios como el más alto fundamento explicativo de todas las cosas y, por tanto, extiende la idea de Dios también sobre otros objetos. Lo siguiente está relacionado con esto.

Es una pregunta común que si la filosofía hace de Dios su fundamento, ¿cómo se llega al conocimiento de Dios o de lo Absoluto? No hay respuesta a esta pregunta. La existencia de lo incondicionado no puede probarse como la de lo condicionado. Lo incondicionado es el elemento en el cual es posible toda demostración. Así como el geómetra, cuando comienza a demostrar sus proposiciones no prueba en primer lugar la existencia del espacio, sino que lo presupone, igualmente la filosofía no demuestra la existencia de Dios, sino que confiesa que no existiría en absoluto sin un Absoluto o Dios. [El] todo solo puede presentarse en lo absoluto; lo incondicionado, por tanto, no precede a la existencia de la filosofía, [1,7,424] mas toda la filosofía se ocupa de esta existencia; toda la filosofía es en realidad la prueba continua de lo absoluto, que, por lo tanto, no debe exigirse en el comienzo de esta. Si el universo no puede ser otra cosa que una manifestación de lo Absoluto, la filosofía tampoco puede ser otra cosa que una presentación espiritual del universo, entonces toda la filosofía no es más que una manifestación, es decir, una prueba continua de Dios.

Partimos ahora de la proposición: la esencia originaria es necesariamente y por su naturaleza identidad absoluta de lo real y lo ideal. Con esta proposición, sin embargo, no se dice nada todavía: solo tenemos el concepto de la esencia originaria, pero no la tenemos aún como una esencia *actual* y efectiva. Así, por ejemplo, cuando decimos que la esencia del hombre es una identidad absoluta de libertad y necesidad —un principio libre y uno necesario están íntimamente unidos en él— tenemos, efectivamente, un concepto de hombre, pero no un hombre vivo y efectivo; para ello (para tener un hombre efectivo) debemos considerarlo en la medida en que estos principios están efectivamente en oposición, en lucha, en él. En otras palabras, la esencia originaria como identidad absoluta de lo real y lo ideal solo se pone subjetivamente, pero debemos entenderla igualmente de forma objetiva: no solo debe tener *en sí* misma, sino también *fuera de ella,* la identidad absoluta de lo real y lo ideal, es decir, debe revelarse como tal, actualizarse, debe mostrarse también en la existencia como aquella, que es en esencia la identidad absoluta de lo real y lo ideal. Ahora, sin embargo, todo puede revelarse solo en su contrario, es decir, la identidad en la no-identidad, en la diferencia, en el carácter distintivo de los principios. *Cómo* es posible esto en Dios, de ello no hablamos todavía, sino solo del hecho *de que* hay que poner una separación, una diferencia, si queremos pasar de la esencia a la existencia.

Esta transición de la identidad a la diferencia se ha considerado muy a menudo como una supresión de la identidad; pero no es así en absoluto, como mostraré dentro de un momento. Se trata más bien de una [I,7, 425] duplicación de la esencia, es decir, de un aumento de la unidad, que debe aclararse de nuevo por analogía con nosotros. La conciencia surge a través de una separación de principios que antes estaban implícitos en el hombre, por ejemplo, lo racional y lo irracional. Ninguno de los dos debe ser aniquilado. Es precisamente en el conflicto y la reconciliación de ambos donde nuestra humanidad debe demostrar su valía. Cuando tomamos conciencia de la separación de la luz y las tinieblas en nuestro interior, no *salimos de nosotros mismos;* los dos principios permanecen en nosotros como su unidad. No perdemos nada de nuestra esencia, pero ahora nos poseemos solo en una forma doble, es decir, una vez en la unidad, la otra vez en la división. Lo mismo vale para *Dios*.

Si establecemos A = A como el estado de estar entrelazado en sí mismo, entonces ya tenemos tres cosas que notar en este A = A, a) A como objeto, b) A como sujeto, c) la identidad de ambos; pero todo esto de manera realmente indistinguible. Ahora hay que poner la diferencia de los principios: así, puesto que A como sujeto y A como objeto son distinguibles, A = A se transforma en A = B; pero como la unidad de la esencia existe, sin embargo, en lugar de A/A = A, es la expresión de la diferencia A/A = B, es decir, Uno y Dos; A = B es la escisión, A la unidad, el todo en su conjunto, la esencia originaria viva, actual, A tiene en A = B un objeto, un espejo. Así que en sí mismo la esencia originaria es siempre unidad —*unidad de la oposición y de la escisión*.

Solo ahora nos preguntamos: ¿cómo es posible esta división en Dios? Dado que el vínculo de los principios en Dios es indisoluble, una división parece por completo *imposible* y, sin embargo, es necesaria para la revelación. ¿Cómo se resuelve esta contradicción?

Si la esencia originaria en A y B es de nuevo el todo, entonces A y B pueden ser separados sin que se suprima el vínculo absoluto de los principios. Por lo tanto, tendríamos que asumir que la esencia originaria [I,7,426] seguiría siendo el todo en cada uno de los elementos separados, es decir, *se* pondría como un todo en ellos, de modo que bajo B se comprendería de nuevo B (es decir, lo Real), A (es decir, lo Espiritual) y la unidad de ambos. Lo mismo ocurre con A. Pero ¿se ha puesto ya aquí una distinción *real*? En absoluto. En la fórmula A/A = A, la parte superior A es la esencia en sí. Pero como esta misma identidad es también la cópula en A = A (de la forma), entonces la identidad, en la medida en que está viva en la forma, se llama la esencia en la forma. Así, tenemos 1) la esencia en sí, 2) la esencia en la forma. Pero la esencia en la forma, mientras sea A = A (los principios no se diferencian), es idéntica a la esencia en sí y no puede distinguirse de ella. Ahora, el carácter distinguible debe ser puesto a través de una diferenciación de la forma en dos formas subordinadas de la siguiente manera:

$$\frac{\text{A = La esencia en sí misma}}{\text{A = A = la esencia en la forma absoluta}}$$

$$\left(\frac{A}{A = B}\right)^{A} \qquad \left(\frac{A}{A = B}\right)^{B}$$

Pero como en cada una de estas formas se encuentra de nuevo el mismo vínculo que en la forma absoluta, cada una de ellas se disuelve de nuevo en la esencia de la forma absoluta, y a través de esta en la esencia en sí misma.

Así que estamos de nuevo donde estábamos antes. *Solo que ahora, en lugar de los factores simples* A = B, *tenemos dos unidades*, es decir, solo tenemos una unidad más desarrollada, pero no hay *diferencia*.

Sin embargo, esta transformación de la forma absoluta en dos formas subordinadas, o, lo que es lo mismo, esta perfecta transfiguración de *toda* la esencia originaria en lo real y en lo ideal, [constituye] el camino necesario a la diferenciación real finita.

Un examen más detallado revela que hay una diferencia efectiva entre las dos unidades, aunque todavía no sea una diferencia puesta como *efectiva*. La unidad real (la que está debajo del exponente de B) se comporta como ser, la ideal (la que está bajo el [I,7,427] exponente de A) como la *posición del ser*. Ahora bien, el ser para sí mismo también es ya posición: así la posición del ser es una *posición de la posición*, es decir, una posición de la *segunda potencia*.

Aquí surge, por tanto, y en primer lugar, el concepto de las *potencias*, que es muy importante para el conjunto. Primero tenemos una superior y otra inferior según una diferencia de *dignidad*. Lo ideal tiene una dignidad superior a lo real. Expresado en la fórmula, esto sería presentado de la siguiente manera:

a) B, el Ser, no puede ser por sí mismo. En virtud del vínculo indisoluble, B o A nunca pueden existir por sí mismos. El ser real es, pues, siempre solo A en B o bajo el exponente de B; expresamos esto a través de A = B = primera potencia.

b) A tampoco puede ser para sí mismo, sino que debe, como posición de la primera potencia, contenerlo idealmente en sí mismo; por lo tanto, es A^2 = segunda potencia.

Ambas unidades o potencias vuelven a ser una en la unidad absoluta, esta, por tanto, como posición común de la primera y segunda potencia es A^3, y la expresión completamente desarrollada de la $A = A$ inicial. Por lo tanto, $A = A$ es $A^3 / A^2 = (A = B)$. Sin embargo, al mismo tiempo se da algo más que la mera diferencia de dignidad. La primera potencia debe, por su naturaleza, preceder a la segunda; entre ambas potencias, por tanto, existe una prioridad y una posterioridad. Lo real es *naturâ prius;* lo ideal, *posterius*. La inferior se pone, así pues, *antes* que la superior, pero no según la dignidad, lo que contendría, por supuesto, una contradicción, sino según la *existencia*.

Sin embargo, la prioridad de la primera potencia ahora desarrollada es solo una prioridad ideal o lógica de lo real sobre lo ideal, pero aún no es real. Nos hemos limitado a mostrar el hecho de que, y cómo, [I,7,428] una diferenciación es posible. Pero ¿cómo llegamos ahora a la efectividad de esta?

Sin embargo, el fundamento de esta realidad solo puede estar en la esencia originaria o Dios mismo. Pero los medios están dados. Pues la primera potencia, como acabamos de ver, también en Dios, considerada absolutamente, precede a la segunda en la *idea;* una es *naturâ prior* (primera según la naturaleza), la otra *posterior*. Si, entonces, la esencia originaria quiere la escisión de las potencias, debe poner esta prioridad de la primera potencia como efectiva (debe transformar la prioridad meramente ideal o lógica en una efectiva), es decir, debe *limitarse voluntariamente a la primera,* y debe suprimir la simultaneidad de los principios, tal y como está originalmente en ella. Esta supresión de la simultaneidad no es tampoco una supresión de la unidad interna (esencial), pues esta no se basa en la simultaneidad, ni es una supresión del *nexo* de las potencias, porque, en cuanto la primera se pone, la segunda y luego la tercera también deben ponerse inmediatamente. Si la prioridad de la primera potencia se convierte en efectiva, la identidad de las potencias en el absoluto no se suprime, solo se transforma en una concatenación o coherencia de estas. Anteriormente, las potencias residían en ella en indiferencia o indistinción. Igualmente, todo el tiempo está implícito, como unidad o como *eternidad,* en ella. Al limitarse Dios voluntariamente a la primera potencia —siendo voluntariamente solo uno, cuando podría serlo todo— establece, por lo tanto, un principio de tiempo (NB: no *en* el tiempo). Por su repliegue se pone en él una limitación, pero como esta contradice su esencia, ya que por su naturaleza Él es *todas las potencias,* por lo que surge una progresión de la primera a la segunda y, por lo tanto, un tiempo. Las potencias se ponen ahora al mismo tiempo como períodos de autorrevelación de Dios.

Comentarios generales al respecto.

1) La limitación pasiva es, sin embargo, una imperfección, una relativa falta de poder; pero limitarse, encerrarse en [1,7,429] un punto, aferrarse también a él con todas las fuerzas, no soltarlo hasta que se haya expandido en un mundo, esto es el más alto poder y perfección. Goethe dice: «El que quiere grandes cosas tiene que recomponerse, es en la limitación donde se muestra el maestro». En el poder de contenerse está la verdadera originalidad, la raíz de la fuerza. En A = B, B mismo es el principio de contracción, y si Dios se limita a la primera potencia, con mayor razón debe llamarse contracción. La contracción,

sin embargo, es el principio de toda realidad. Por lo tanto, también los hombres no expansivos sino contractivos son naturalezas originarias y fundamentales. Mientras tanto, el comienzo de la creación es, en efecto, una (con) descendencia de Dios; él *(con)desciende* propiamente en lo real, se contrae enteramente en él. Pero en esto no hay nada indigno de Dios. Precisamente la (con)descendencia [descenso y dejar-ser] de Dios es lo más grande en el cristianismo. Un Dios metafísicamente elevado no es adecuado para nuestra cabeza ni para nuestro corazón.

2) Este acto de restricción o (con)descendencia (descenso que deja ser) de Dios es voluntario. Por lo tanto, no hay más explicación del mundo que la libertad de Dios. Solo Dios mismo puede romper la identidad absoluta de su Ser y así hacer espacio para una revelación. Ahora, por supuesto, toda libertad verdadera, es decir, absoluta, es de nuevo una necesidad absoluta. Porque no se puede dar ninguna otra razón para un acto de libertad absoluta. Es así porque es así, es decir, es absolutamente y en la medida en que es necesario. Por lo general, uno quiere ver la libertad solo allí donde se ha producido una elección, cuando ha precedido un estado de duda, finalmente se ha tomado una decisión. Pero el que sabe lo que quiere lo alcanza sin elección. El que elige, no sabe lo que quiere y, por lo tanto, no quiere propiamente. Toda elección es el resultado de una voluntad no iluminada. Si Dios actúa *ex ratione boni*, solo tiene una libertad muy subordinada. Ahora, para permitirle elegir plenamente el mejor mundo de entre una infinidad de mundos posibles, es dejarle el más mínimo grado de libertad. Una acción tan absoluta es en nosotros lo que funda nuestro carácter. El carácter también surge

a través de una especie de contracción, por la que nos damos una definición; cuanto más intensa sea esta, más carácter. Nadie sostendrá que un hombre ha elegido su carácter; en este sentido, no es una obra de la libertad en el sentido ordinario, y, sin embargo, es imputable. Aquí, pues, encontramos esa identidad de libertad y necesidad.

3) A través de la autorrestricción de Dios solo se pone un principio *del* tiempo, pero no un principio *en* el tiempo. Por tanto, Dios mismo no está puesto en el tiempo.

El tiempo se pone en lo real, pero lo real no es Dios mismo, aunque esté inseparablemente unido a él. Pues lo real en Dios es el *ser* o la existencia, lo ideal es lo *existente,* aquello en lo que lo real y lo ideal son uno, el Dios realmente existente, vivo.

El tiempo se pone *en* lo real (el ser de Dios). Pero lo real mismo, *en su conjunto,* tampoco está en el tiempo. Solo progresa y se desarrolla lo individual que hay en él. «Pero este tiempo estaría puesto *para* Dios *en* lo real, Dios estaría por tanto confinado en el tiempo, por así decirlo». Respuesta: debido a que la *diferencia* está puesta en lo real y, por tanto, en el tiempo, la posición de esta diferencia = A^2 también está puesta en Dios, en el que está contenido de forma eterna, todo lo que se desarrolla de forma temporal en $A = B$. Ya que ahora de nuevo en Dios absolutamente considerado, es decir, en Dios, en cuanto no es ni mera existencia (real) ni meramente existente (sujeto), por lo tanto, en Dios como A^3 A^2 y $A = B$ está en conexión constante, entonces $A = B$ también se disuelve en él como sujeto (A^2) o en su conciencia directamente en la eternidad de su ser. A^2 (Dios como sujeto) es el punto focal o la unidad del tiempo.

A³ o Dios absolutamente considerado no es la eternidad y ni el tiempo, sino la identidad absoluta de la eternidad y el tiempo. Todo lo que está en [I,7,430] el tiempo es eterno en *él* [en Dios] como sujeto, y todo lo que es eterno en él como sujeto es temporal en él como objeto.

Pregunta 1: ¿Este acto de autodiferenciación es en el tiempo? ¿Tuvo lugar ante un tiempo infinito o bien determinado? Respuesta: ninguna de los dos. No está en absoluto en el tiempo, está *por encima* de todo tiempo y es, según su naturaleza, eterno.

Pregunta 2: ¿El universo tiene un comienzo o no tiene ninguno? Tiene un comienzo (porque es dependiente), pero no un comienzo *en el tiempo*. Todo el tiempo está en él, fuera de él ninguno.

En realidad, *cada* cosa (no solo el universo) tiene tiempo en sí misma. No hay ningún tiempo *externo*, universal; todo tiempo es subjetivo, es decir, un tiempo interno, que cada cosa tiene en sí misma, no fuera de sí. Pero como cada cosa individual tiene otras cosas antes y al lado, su tiempo puede entonces ser comparado con el tiempo de otras cosas, ya que solo tiene su propio tiempo subjetivo. Esto da lugar al tiempo abstracto a saber solo a través de la comparación, la medición. Sin embargo, en sí mismo, no hay tiempo. Lo que es real en el tiempo no son más que las distintas limitaciones por las que pasa un ser. Por lo tanto, filosóficamente solo podemos decir: una cosa ha pasado por tales y tales limitaciones, pero no que haya vivido *tanto* y *tanto tiempo*. Esta determinación de tal o cual tiempo solo puede surgir de la comparación; pero si considero una esencia por comparación, no la considero *en sí misma*, es decir, no [la considero] filosóficamente. En el caso del universo, toda posibilidad de tal engaño desaparece ahora por completo, porque todas las cosas están en él, ninguna fuera de él, ya que, por tanto, no puede medirse según el tiempo de una cosa que estaría antes o fuera de ella.

II.

[I,7,431] Sin duda, algunas expresiones, por ejemplo, la de una contracción en Dios y otras similares, les han resultado extrañas. Permítanme, por lo tanto, dar una explicación general de ellas, que arrojará nueva luz sobre el significado de mi punto de vista.

[I,7,432] Si queremos formarnos una idea de la esencia originaria, de su ser y de su vida, en realidad solo tenemos la posibilidad de elegir entre dos puntos de vista.

a) O bien la esencia primordial es para nosotros un ser ya hecho e inmutablemente existente. Este es el concepto habitual de Dios de la llamada religión racional y de todos los sistemas abstractos. Pero cuanto más elevamos este concepto de Dios, más pierde Dios su vitalidad para nosotros, menos puede ser captado como una esencia real, personal, viva en el sentido actual, como nosotros. Si queremos un Dios al que podamos considerar como una esencia completamente viva y personal, entonces debemos considerarlo también como completamente humano, debemos suponer que su vida tiene la mayor analogía con la vida humana, que en él no solo hay un ser eterno, sino también un eterno devenir, que, en una palabra, tiene todo en común con el hombre excepto la dependencia (sentencia de Hipócrates).

Siendo lo anterior presupuesto, quiero decirles *a ustedes* ahora, de una manera llana, lo que hasta aquí hemos tratado mediante expresiones más científicas:

Dios es una esencia efectiva, pero no tiene nada antes o aparte de Él mismo. Todo lo que es, lo es a través de sí mismo; sale de sí mismo para terminar finalmente en sí mismo. En pocas palabras: Dios se hace a sí mismo, y tan ciertamente como se hace a sí mismo, tan ciertamente no es algo que está terminado y presente desde el comienzo, pues de otro modo no necesitaría hacerse a sí mismo. ¿Cuál es, entonces, el estado original en el que se encuentra la esencia originaria, que es enteramente en sí misma y no tiene nada aparte de sí misma?

Toda la existencia viviente comienza a partir de la falta de conciencia, de un estado en el que todo está todavía junto, inseparado, y que luego evoluciona individualmente a partir suyo; no hay todavía conciencia con separación y distinción. La vida divina comienza de la misma manera. Lo contiene todo en sí mismo, es una abundancia infinita no solo de lo similar, sino también de lo disímil, pero en completa indivisibilidad. Dios es solo allí como una meditación silenciosa sobre sí mismo sin ninguna expresión [I,7,433] ni revelación. Este es el estado que hemos llamado la indiferencia de las potencias en él. Es en sí misma ya la identidad absoluta de lo subjetivo y lo objetivo, de lo real y lo ideal, pero no lo es *para sí mismo*, sino que solo lo sería para un tercero, observador, el cual, sin embargo, conceptualmente, no existe. Ahora podemos decir por adelantado que en realidad todo el proceso de la creación del mundo, que sigue siendo el proceso vital en la naturaleza y en la historia que este no es otra cosa que el proceso de la realización completa, la personalización completa de Dios. Les explicaré esta inusual proposición del siguiente modo.

Hay dos principios en nosotros, uno inconsciente, oscuro, y otro consciente. [En] [e]l proceso de nuestra autoformación, podemos tratar de educarnos en lo que respecta al conocimiento y la ciencia, o en lo moral, o, incluso, sin restricciones, a través de la vida y para la vida, este proceso consiste siempre en elevar a la conciencia lo que está inconscientemente presente en nosotros, para elevar la oscuridad innata en nosotros a la luz, en pocas palabras, para alcanzar la claridad. Lo mismo en Dios. La oscuridad va delante de él, la claridad irrumpe primero en la noche de su esencia.

Dios tiene los mismos dos principios en Él que tenemos en nosotros. Desde el momento en que tomamos conciencia de los dos principios en nosotros, que nos separamos dentro de nosotros mismos, nos oponemos, nos elevamos con la parte mejor de nosotros mismos por encima de la inferior —a partir de ese momento, la conciencia *comienza,* pero aún no la conciencia completa—. Toda la vida no es más que, propiamente hablando, una toma de conciencia cada vez mayor; la mayoría de la gente se encuentra en el nivel más bajo, y los que se esfuerzan no suelen alcanzar la claridad, y quizás ninguno en la vida presente pueda alcanzar la claridad absoluta —siempre queda todavía un residuo oscuro (nadie llega a la altura de su bien y ni abismo de su maldad).

Lo mismo ocurre con Dios. El *comienzo* de la conciencia en él es que se separa de sí mismo, se opone a sí mismo. Porque tiene un superior y un inferior en él, que acabamos de describir [1,7,434] por medio del concepto de potencias. En el estado todavía inconsciente, Dios tiene ambos principios en sí mismo, pero sin ponerse como uno u otro, es decir, sin reconocerse en uno u otro. Con el inicio de la conciencia se produce este reconocimiento, es decir, Dios se pone (en parte) como la primera potencia, *como* lo carente de conciencia, pero no puede contraerse como lo real sin expandirse como lo ideal, no puede ponerse como real, como *objeto,* sin ponerse *al mismo tiempo* como *sujeto* (sin liberar así lo ideal); y ambos son *un acto,* ambos absolutos *al mismo tiempo;* con su contracción efectiva como real, se pone su expansión como ideal.

Lo superior en Dios aleja de sí, por así decirlo, lo inferior con lo que hasta ahora estaba en indiferencia o mezcla, y viceversa, lo inferior, por su contracción, se separa de lo superior y esto, como en el hombre, también en Dios, es el *comienzo* de su conciencia, de su devenir personal.

Pero al igual que el hombre, en el proceso de su autoformación o del autodevenir consciente, excluye de sí mismo, se opone, a lo oscuro, a lo inconsciente dentro de sí mismo —no para dejarlo eternamente en esta exclusión, en esta oscuridad, sino para elevar gradualmente este excluido, esta oscuridad misma a la claridad, para construirla *hasta* su conciencia— Dios también excluye la parte inferior de su ser de la superior y la aleja de sí mismo, por así decirlo, pero no para dejarla en este no-ser, sino para elevarla fuera de él, para educar, construir, crear a partir de lo no-divino, que está excluido de sí mismo, de lo que no es *él mismo,* y que por esta misma razón ha separado de sí mismo, lo que es semejante y similar a él. La creación, por tanto, consiste en la llamada de lo superior, realmente divino, en lo excluido.

Solo que, por supuesto, esto inconsciente de Dios es infinito como Él mismo, por lo que no se agota tan pronto, y de ahí la duración del proceso de creación del mundo.

Para abrirles *a ustedes,* asimismo, otra perspectiva: esta esencia subordinada, [I,7,435] esto oscuro e inconsciente, que Dios *busca* constantemente alejar, excluir de sí mismo como esencia, de su interioridad propia, es la *materia* (ciertamente no la materia ya formada), y la materia no es, pues, otra cosa que la parte inconsciente de Dios. Pero al tratar de excluirla de sí misma por un lado, también busca atraerla hacia sí desde el otro, formarla para sí, transfigurarla, aunque subordinada, en su esencia superior, para evocar a lo consciente desde este inconsciente, desde la materia. De ahí que el proceso de creación solo se detenga allí donde la conciencia se despierta y se crea a partir de lo inconsciente, de las profundidades de la materia, es decir, en el hombre; y aunque con el hombre una inmensa masa de inconciencia sigue siendo llevada al nivel superior, que entonces también se desintegra de nuevo y da el material de nuevas creaciones, Dios, sin embargo, descansa primero en el hombre; su propósito principal se logra en el hombre.

Sin embargo, es llamativo para la forma abstracta ordinaria de ver las cosas que en Dios haya un principio que no es Dios, que es inconsciente, que es menos que Él mismo. El que piensa en Dios como una identidad vacía no puede, por supuesto, comprender esto. La prueba de la necesidad de este supuesto reside en la *ley fundamental de la oposición.* Sin oposición no hay vida. En el hombre y en toda existencia en general es lo mismo. También en nosotros hay un [elemento] racional y un [elemento] irracional. Toda cosa, para manifestarse, requiere de algo que no sea *ella misma stricto sensu*. (En realidad, este punto de vista solo está en contra de los conceptos abstractos de Dios como *ens realissimum illimitatissimum,* [pues] ciertamente, Dios no está limitado hacia el exterior, sino *en sí* mismo, tan ciertamente como es una naturaleza definida).

Para acercar aún más esta simultaneidad de lo superior y lo inferior en Dios, sirve lo siguiente.

Lo real e inconsciente es el *ser* de Dios, puro *en cuanto tal*. Pero el ser de Dios no es *uno [einerlei]* con Dios mismo, sino realmente diferente, como en el hombre. En consecuencia, el ideal es el ser de Dios, o el Dios existente, o Dios *sensu eminenti*. [I,7,436] Porque por Dios en sentido estricto entendemos siempre el ser de Dios. En consecuencia, los dos principios en Dios también se relacionan entre sí como los entes y el Ser. Lo ideal o consciente es el sujeto del ser, lo inconsciente solo el predicado de este sujeto, de los entes, y, por tanto, solo por los entes.

Por tanto, si Dios se ha separado en sí mismo, se ha separado como existente de su ser: lo que es también el acto moral más elevado del hombre. Nuestro ser es solo un medio, [una] herramienta para nosotros mismos. El hombre que no puede separarse de su ser, que está totalmente crecido y permanece uno con su ser, es el ser humano en la medida en que está completamente inmerso en su yo y es incapaz de elevarse moral e intelectualmente. El que no se separa de su ser considera que el *ser* es lo esencial, no su esencia interior, superior, verdadera. Del mismo modo, si Dios permaneciera fundido con su ser, entonces no habría vida, ni incremento [de esta]. Por lo tanto, se separa de su ser, que es solo una herramienta para él.

Una segunda expresión de la relación entre los dos principios, que se desprende del primero, es que se comportan como lo ente y lo no-ente. Investigar con precisión la esencia de lo no-ente es la mayor dificultad, la cruz de toda filosofía. Nos aferramos eternamente a ella y no somos capaces de sostenerla con firmeza.

La incomprensión de este concepto ha dado lugar a la idea de una creación a partir de la nada. Todos los seres finitos son creados [a partir] de lo no-ente, pero no de la *nada*. El *ouk ón* de los griegos es tan poco una *nada* como el *mé phainòmena* del Nuevo Testamento; es solo lo no-*subjetivo,* lo no-ente, pero precisamente por eso el *ser* mismo. Lo no-ente se nos impone a menudo como algo que, sin embargo, es de nuevo ente en otro aspecto. ¿Qué es, por ejemplo, una enfermedad? Un estado *contrario a la naturaleza;* en tanto que, entonces, un estado que no podría *ser* y, sin embargo, es, ninguna realidad en el fondo y, sin embargo, innegablemente una realidad terrible. El mal es en el mundo [I,7,437] moral lo que la enfermedad es en el corpóreo; es el más decidido no-ente visto desde un lado y, sin embargo, tiene una terrible realidad.

Todo no-ente es solo *relativo,* es decir, en relación con un ente superior, pero en sí mismo también toma parte en lo ente. Por tanto, B y A no pueden estar separados en nada.

Por lo tanto, si B = lo puro no-ente, entonces B no podría ser por sí mismo; también tiene un A en sí mismo y es, por lo tanto, (A = B); pero este *conjunto* (A = B) se relaciona con uno más alto de nuevo como un no-ente, como un mero sustrato, mero material, mero órgano o herramienta, mientras tanto es *en sí mismo* también un ente.

Esto se aplica ahora a lo que hemos llamado el ser en Dios: en relación con lo ente que es en Dios, este [ser] es, sin embargo, un no-ente, es decir, se relaciona originalmente con ella meramente como un sustrato, como lo que no *es* en sí, lo que meramente es para servir de base al verdadero ente que es. Pero, sin embargo, es de nuevo un ente que es en sí mismo.

En otras palabras, y tal como lo he expresado de otra manera, no hay nada puro y meramente *objetivo* en Dios, pues eso no sería nada; pero lo que es objetivo en relación con lo superior en Dios es, sin embargo, en sí mismo subjetivo y objetivo, no mero B, sino A y B.

Desde otro punto de vista.

Incluso el mero *ser* en Dios no es un ser muerto, sino también un ser vivo en sí mismo, que a su vez también incluye un ente y un Ser en sí mismo. Dios mismo está *por encima* de la naturaleza, la naturaleza es su trono, su subordinado, pero todo en él está tan lleno de vida que incluso este subordinado vuelve a brotar en su propia vida, que, considerada puramente por sí misma, es una vida completamente perfecta, aunque en relación con la vida divina una no-vida. Así, Fidias ha representado en la suela de su Júpiter las luchas de los Lapiths y Centauros. Como aquí, tal vez solo guiado por ese maravilloso instinto que [poseen] todas las obras griegas, el [I,7,438] artista también sigue llenando de vida vigorosa incluso la planta del pie del dios, así lo más externo y remoto de Dios sigue siendo vida plena y vigorosa en sí misma.

Mediante la teoría de los dos principios que son uno en Dios, evitamos dos aberraciones en las que se tiende a desviar la doctrina de Dios. Porque en lo que respecta a la idea de Dios, hay dos partes que se equivocan. Según el punto de vista dogmático —que se considera el ortodoxo— se concibe a Dios como un ser especial y separado, individual, que excluye a la criatura por completo de él. La visión panteísta común, en cambio, no deja a Dios como un ser especial y separado; más bien lo disuelve en una sustancia general que solo es portadora de cosas. Pero Dios es ambas cosas; es, en primer lugar, el ser de todos los seres, pero como tal debe existir también él mismo, es decir, como la esencia de toda esencia, debe tener un soporte, un fundamento para sí mismo. Así: Dios en su más alta dignidad, es la esencia general de todas las cosas, pero esta esencia general no flota en el aire, sino que está fundada y, por así decirlo, sostenida por Dios como esencia *individual. Lo individual en Dios* [es], *por tanto, la base o el fundamento de lo general.*

Por lo tanto, según este punto de vista, también hay dos principios en Dios. El primer principio o la primera fuerza elemental es aquella por la cual es un ser especial, único e individual. Podemos llamar a esta fuerza la *mismidad,* el egoísmo en Dios. Si esta fuerza estuviera sola, solo existiría Dios como una esencia única, recortada y particular, no habría ninguna criatura. No habría más que una eterna cerrazón e inmersión en sí mismo, y esta fuerza propia de Dios, por ser siempre una fuerza infinita, sería un fuego consumidor en el que ninguna criatura podría vivir. (Debemos pensar en ello por analogía con la fuerza del ánimo, que se expresa en un hombre muy cerrado, que por esta misma razón se llama también oscuro, al que atribuimos un ánimo oscuro). Pero a este principio se opone eternamente otro, este otro principio es el *amor,* a través del cual [1,7,439] Dios es en realidad la esencia de todas las esencias. El mero amor por sí mismo, sin embargo, no podría *ser,* no podría subsistir, pues precisamente porque es por naturaleza expansiva, infinitamente compasiva, se disolvería, si no hubiera una fuerza elemental contractiva en ella. Tan poco puede el hombre consistir en el mero amor, como tan poco Dios. Si hay amor en Dios, también hay ira, y esta ira, o la fuerza propia en Dios, es lo que da al amor su apoyo, su fundamento y su permanencia.

Ahora bien, estas designaciones de los dos principios son solo las expresiones humanas para las expresiones abstractas de lo ideal y lo real. El amor es lo ideal, el egoísmo, lo real en Dios.

Asimismo, el amor es Dios mismo, el propio Dios, *el* Dios que es a través de la otra fuerza. El egoísmo divino, en cambio, es el poder que no es en sí mismo, pero *a través del cual* solo el amor, es decir, el verdadero Dios, es. Estos principios, también, podemos pensarlos al comienzo en una cierta indiferencia en Dios. Pero si persisten en esta indiferencia, ni Dios mismo ni nada podrá desarrollarse. La verdadera realidad de Dios consiste precisamente en la actividad e interacción de estos dos principios.

El primer paso para ello es también la separación del amor de Dios en sí mismo, es decir, su ser verdadero y propio, del ser impropio. Pero esta separación solo puede producirse de manera que eleve un principio por encima del otro y lo subordine. La subordinación del egoísmo divino al amor divino es el principio de la Creación. El egoísmo es = primera potencia, amor = segunda o potencia superior. Según el mero egoísmo ninguna criatura llegaría a ser. Pero al estar subordinado al amor, el amor lo supera, y esta superación del egoísmo divino a través del amor divino es la creación (naturaleza = fuerza doblada). El egoísmo divino es la esencia básica de la naturaleza. No digo que es la naturaleza, pues la verdadera naturaleza viva, tal como la vemos ante nosotros, es ya egoísmo divino superado y templado por el amor divino. Pero es la esencia básica de la naturaleza, lo material a partir de la cual se crea todo.

[I,7,440] Ahora volvemos a los conceptos anteriores del ser en Dios (que se relaciona con Dios mismo como lo no-ente se relaciona con lo ente).

Ser en Dios es = el egoísmo divino, la fuerza por la que Dios existe como una esencia propia. Así que es *en su conjunto Dios,* solo que en forma de egoidad. Por lo tanto, la egoidad es solo la potencia o el exponente, bajo el cual se pone la esencia divina. Si a este exponente o potencia no se le opusiera otro, entonces, en virtud de esta potencia, la esencia divina permanecería en eterna contracción; como en la naturaleza externa si la fuerza elemental contractiva no fuera contrarrestada por otra en el sol, la tierra sería fría, oscura y completamente cerrada, sin criaturas. Pero como a esta potencia de la egoidad = B se le opone otra potencia, la del amor = A, en la propia B, que contiene todo el Absoluto, solo en estado de involución (clausura), se despierta ahora la *oposición* oculta en ella, *solo que no revelada,* y con la oposición al mismo tiempo la Divinidad. ¿Qué es entonces lo divino? Respuesta: el vínculo vivo (que contiene una oposición en sí mismo) de lo ideal y lo real. Si, entonces, en la propia B se despiertan de nuevo una A y una B, para que así B/A =

B. A y B están bajo B, entonces en B, también, un vínculo (una identidad) de lo ideal y lo real, es decir, lo divino se despierta. He aquí, pues, una divinidad desarrollada a partir de lo no divino, de lo no-ente (B). B/A = B = naturaleza. Los conocedores de los fenómenos físicos pueden aclarar esta vivificación de la naturaleza con el ejemplo de la distribución magnética.

Dios excluye a B de sí mismo, es decir, de A; pero no puede excluir a B sin oponerse a A, no puede oponerse a A sin excitar a B, con lo que entonces B A B.

Este A, que está en la naturaleza, no entra *en* ella, está [1,7,441] en ella desde el principio, pues todo Dios está en ella, pero en estado germinal; es Dios en su involución, o también el Dios potencial, aunque el ideal es el Dios *actual*.

La creación continua consiste precisamente en que este estado de involución está constantemente suspendido en la B, que lo divino, adormecido por así decirlo en ella, se despierta y evoluciona; la naturaleza, por lo tanto, es una divinidad, pero una divinidad de un tipo inferior, una divinidad despertada, por así decirlo, de la muerte, levantada del no-ser al ser, por lo que, por supuesto, siempre permanece divorciada de la divinidad primordial, que no es despertada primero del no-ser al ser.

En una palabra, esta naturaleza visible es naturaleza solo a través de su *forma*, pero divina por su esencia. Es la esencia divina, solo que no presentada en lo ente, en A, sino la esencia divina en lo no-ente.

Aquí, pues, se explica la *relación de la naturaleza con Dios*. Se ha reprochado a este sistema que diviniza la naturaleza. Debo soportar este reproche, si no se asume que

B es inicialmente una cosa absolutamente no divina que posteriormente se diviniza. Pero ya es originalmente un principio divino y solo relativamente (para A) un principio no-divino. Pero en la medida en que se eleva de esta no-divinidad relativa a lo divino, es decir, a lo ente, en esa medida es Dios mismo (no nosotros) quien diviniza la naturaleza.

Otro reproche es que este sistema identifica a Dios con la naturaleza. Pero aquí hay que hacer una distinción más precisa. Por naturaleza se entiende bien la mera B, esa oscura fuerza originaria que está en la base de toda existencia, lo indestructible, que no puede ser disuelto por ningún *menstruum*. Ahora, según mi sistema, ¿es *esta* B *Dios* en el sentido propio? En absoluto; es simplemente el ser de Dios (que es diferente de lo ente; por Dios como tal se entiende siempre a Dios en cuanto ente o existente). Sin embargo, ¿se le puede llamar divino? Ciertamente, ya que es una fuerza originaria divina, pero en el sentido más estricto (para que pertenezca al propio sujeto divino, a su esencia interior) no debe [I,7,442] ser llamado divino. Es divino porque pertenece a Dios, porque incluso en la separación inicial sigue estando *en* Dios, al igual que el mismo principio oscuro en nosotros, aunque no es nuestro verdadero ser —ya que más bien es para ser dominado por él— también se llama humano. Sin embargo, la A en la B es divina, y ya en un sentido más elevado que la B, la cual solo puede llamarse divina en un sentido amplio.

Sin embargo, el A en el B también se distingue suficientemente del A absoluto en que es solo algo espiritual que se despierta y evoca *en* B, *en lo no-ente*. Pero si la naturaleza no significa A ni B, sino el todo A = B, entonces primero se debe hacer una distinción entre A = B como lo que está *conectado* de A y B, y entre A = B, en cuanto que significa el nexo viviente de los dos, o siempre y cuando se vea a lo que conecta. Se trata de la naturaleza como producto o de la materia originaria, que todavía unc absolutamente el espíritu y el cuerpo, y a la que nadie puede reprochar a este sistema el haberla identificado con Dios, salvo los que no conocen sus primeros elementos. Pero si observamos el vínculo entre ambos, este no es meramente divino, sino que es Dios; pero no es Dios considerado absolutamente, sino que es el Dios generado en lo no-ente, cuyo generador es el propio Dios considerado en absoluto o el Dios existente. El nexo en A = B (si lo tomamos como toda la naturaleza) es, sin embargo, Dios, pero es Dios como generado a partir de sí mismo, Dios como Hijo, de quien, por ser la esencia de la naturaleza, la Escritura dice con razón que todo está hecho a través de él, y sin él nada [está hecho]. Estas ideas de la Escritura fueron proscritas porque no se entendían, como el misterio de la Ilustración, al menos para la mayoría, es que han hecho una *virtud* de las limitaciones de sus facultades intelectuales. Por cierto, no quiero probar nada con estas expresiones, y menos aún hacer que mi sistema sea ortodoxo. Este nexo se llama, muy expresivamente, la *palabra,* a) porque en ella y con ella comienza primero toda posibilidad de distinción; b) porque en ella están conectadas orgánicamente por primera vez el ser-sí mismo con el no-ser-sí mismo, la vocal y la consonante [I,7,443] (A = vocal, B = consonante, el ser que es silencioso en sí mismo, que solo es elevado a la inteligibilidad por lo ideal o A).

Explico mi sistema a través de la siguiente visión general de la filosofía moderna, comenzando por el *dualismo absoluto* de Descartes: A es lo espiritual, simple, es decir, lo que no es compuesto (un concepto completamente inadecuado). B es lo material o corpóreo, completamente muerto, un mecanismo. Según Spinoza, A = B = identidad absoluta de ambos principios.

Si uno se limita a adherirse a la generalidad del sistema spinoziano, se puede imaginar muy bien que es lo mismo que el sistema de la identidad más reciente o este con aquel. Permítaseme especificar brevemente las diferencias: a) Spinoza sostiene una identidad absoluta de principios, pero estos principios *están* en completa inactividad los unos respecto de los otros, no actúan el uno sobre el otro, no se afectan mutuamente; no hay oposición ni interpenetración vivas entre ellos. (La mera combinación de las dos sustancias de Descartes).

b) La física de Spinoza es enteramente mecánica, circunstancia de la que solo con un poco de reflexión, todos deberían ver que debe haber una diferencia original entre los principios de la filosofía natural y el spinozismo. (Generalmente falta todo movimiento en el sistema spinoziano, es inanimado).

c) Spinoza dice que la sustancia pensante y la extensa (= ideal y real) pertenecen a una misma sustancia, de la que son atributos, pero esta misma sustancia, de la que son atributos, la ignora después por completo, la determina básicamente solo por el concepto de identidad, que es vacío en él [Spinoza] (por la falta de oposición), y *la* deja de lado por completo en lugar de hacerla objeto principal [1,7,444]. Es *precisamente* en este punto donde

Spinoza no busca nada, precisamente aquí se encuentra el concepto de Dios vivo, de Dios como personalidad suprema; de ahí que sea muy cierto que Spinoza al menos ignora, si [es que] no niega positivamente la personalidad del ser supremo.

Leibniz tiene de A y B solo A; la B, precisamente la oscuridad —el Ser, la existencia— desaparece por completo en la representación. Efectivamente, existe [en su filosofía] una identidad, pero bastante unilateral, no doble. Mientras tanto, Leibniz vuelve a tener una A y una B bajo la A, es decir, negó la realidad del mundo corpóreo en general y en su conjunto, concibiendo que todo era representación de las mónadas, pero seguía concediendo lo que llamamos realidad del mundo corpóreo en la medida en que consiste en fuerzas representativas, por ejemplo, el árbol, etc.

Lo *opuesto* al intelectualismo es el materialismo superior, el *hilozoísmo* (por supuesto, siempre había estado allí, pero sobre todo en tiempos de Leibniz). El hilozoísmo tiene B solo, pero bajo esta B tiene de nuevo una A y una B. Aquí, pues, se podría considerar que el hilozoísmo y la filosofía natural son una misma cosa. Pero la diferencia es esta: el hilozoísmo afirma una vida *originaria* de la materia, nosotros no lo hacemos. Más bien nuestra afirmación es que la materia contiene efectivamente una vida, pero no *in actu*, sino solo *in potentia*, no explícita, sino implícitamente todo está en ella bajo el sello del Ser, de la muerte. (Es necesario decir lo siguiente: también hay que reconocer una muerte, pero que incluye la vida en sí misma). La materia solo se *despierta* a la vida explícita, realmente vivificada por el ideal, lo divino. Así que, en cierto sentido, el hilozoísmo comienza donde termina mi filosofía general. (El efecto benéfico del leibnizianismo y del hilozoísmo [se aprecia] en la física. Bruno, Kepler y otros).

Dado que el proceso de análisis, es decir, el descenso hacia lo peor, ya estaba en marcha, ahora fue aún más abajo. A saber, de A y B bajo B ahora también A se retiró, así en todas partes [hubo] meramente B sustancia muerta, sin ninguna interioridad; por lo tanto, con [I,7,445] razón se descompuso en átomos, en un polvo de corpúsculos, que actúan meramente a través de su figura (algo externo y sin ninguna cualidad original); y a partir de ello no solo debía explicarse la naturaleza, sino también la existencia, el mecanismo del espíritu. *Système de la nature,* el materialismo más bajo o francés. Su polo opuesto es el idealismo desarrollado en Alemania por Kant y Fichte. Pero Kant seguía permitiendo diferentes interpretaciones. La interpretación fichteana también quita a B de A = (A = B); no hay inteligencia alguna aparte de nosotros, no hay nada aparte de nosotros en absoluto, solo un yo subjetivo, solo está el género humano. [Constituye un] aniquilamiento de la naturaleza, por lo que resulta peculiar que Fichte deba también afirmar siempre de la naturaleza que no existe y, sin embargo, suponerla siempre presente (explicación teleológica. Actuar sobre la Naturaleza).

Así que, como la descomposición había continuado hasta el extremo, no quedaba más que volver a la primera oposición de la que partió toda la filosofía moderna, y la única que no había sido resuelta, a saber [aquella] entre identidad y dualidad. Y esto es lo que he intentado hacer. Siempre he explicado que la identidad absoluta no es *mera* identidad, sino identidad de la unidad y de la oposición. Así que

a) [Hay] dos principios diferentes A y B, es decir, [un] dualismo.

Pero b) los dos principios son uno, independientemente de su oposición. En cuanto a la relación más estrecha de mi visión de la naturaleza con la física y la filosofía imperantes en nuestro tiempo, lo esencial es que, según esta última, no existe una naturaleza simple y puramente objetiva, una naturaleza que sería simplemente el ser, es decir, lo no-ente. He llamado diferencia meramente *cuantitativa* a esta relación, según la cual nada es meramente subjetivo u objetivo, sino que siempre es *ambas cosas,* aunque en diferentes proporciones. En efecto, entre los principios *como tales,* entre A y B, no hay, sin embargo, una *mera* diferencia *cuantitativa,* aquí es la más decididamente cualitativa; pero en todo lo que es *efectivo,* sea, por cierto, del tipo que se quiera lo objetivo y lo subjetivo, lo ideal y lo real están siempre juntos, solo que en diferentes grados. Esto quedaría claro por el esquema (magnético) en *Revista de Física Especulativa* II, 2. §. 46 [vol. IV, p. 137 ss], a la que me remito en lo que sigue.

Hasta aquí sobre lo general. Ahora entraremos en los detalles de la naturaleza, aunque me limitaré a lo más necesario.

La expresión general de la naturaleza es, como ya sabemos, B/A = B, o también, puesto que ya pusimos A = B como la primera potencia, por lo tanto = B: la naturaleza en relación con todo el universo, del que solo es una parte subordinada, es primera potencia = (A = B). Esto, sin embargo, no impide que vuelva a contener potencias dentro de sí misma ni —como ya se ha señalado— que se separe, a saber, en la medida en que una separación es posible en absoluto. Vemos que la naturaleza se pierde finalmente en las cosas más corpóreas, por ejemplo, los metales. Estos, por tanto, se situarán en su conjunto en el polo B de nuestra línea. Pero como cada reino en sí mismo forma un conjunto, así también los metales que, por un lado, se pierden más en la corporeidad, por el otro se vuelven más volátiles, tal vez incluso se disuelven en el aire. Todo el ámbito de lo material se extiende así, finalmente, en dos direcciones, donde, hacia una, predomina la corporeidad, y hacia la otra, la espiritualidad. Pero a todo este reino de lo físico *en* el conjunto de la naturaleza se opone de nuevo un reino espiritual, al que pertenecen los fenómenos de la luz, el calor, la electricidad y tantos otros. Por último, existe un reino en el que lo espiritual y lo corpóreo se interpenetran completamente, el reino orgánico de la naturaleza, y en este de nuevo [se hallan] las plantas y los animales.

Pero, como he dicho, en el conjunto se trata aquí solo de la primera potencia $A = B$. Y aunque A^2 se eleve desde la propia naturaleza, solo surge —en los límites de la naturaleza— en el hombre. Por lo tanto, aunque la naturaleza en su *conjunto* = primera potencia, [esta] se despliega, sin embargo, de nuevo en las tres potencias según las cuales la consideraremos muy brevemente.

La primera potencia es la del *ser* o de la [I,7,447] corporeidad dominantes, pero que en este punto más externo se ponen en secuencia lo espiritual, lo físico y la unidad de ambos. Como es bien sabido, la corporeidad se basa en la existencia de las *tres dimensiones*. Estas tres dimensiones no son en realidad otra cosa que las tres potencias en lo individual: 1) dimensión egoísta, por la que una cosa se establece como ella misma = longitud, línea, o, lo que es lo mismo, la *coherencia*. En virtud de la coherencia, cada cosa continuaría hasta el infinito si no estuviera limitada por otra dimensión. De allí 2) [que exista] la dimensión ideal (limitando la egoísta) = ancho. 3) Indiferencia = tercera dimensión.

El poder dominante de esta potencia en su conjunto es B, es decir, A y B se ponen conjuntamente bajo B de nuevo. Esta B, *bajo* la cual A y B se vuelven a poner, que es así, por así decirlo, una B^2, es la fuerza que obliga y ata todo, la *gravedad*. La gravedad en la naturaleza, la noche, el principio oscuro, huyendo eternamente de la luz, pero por esta su huida dando soporte y continuidad a las creaciones de luz. (Si no hubiera algo completamente opuesto a la luz y al pensamiento, que nada capta, entonces no habría creación alguna, todo se disolvería en puros pensamientos).

También en la materia, en la medida en que está meramente bajo la potencia del ser están igualmente conectados *ser* y *actividad* (pues de este modo, a saber, como actividad, también podemos expresar lo ideal), pero tanto el ser como la actividad siguen estando todavía entrelazados en el ser, y el A = B o lo corpóreo de la primera potencia se relaciona de nuevo con lo espiritual o ideal como se comportó el B inicial, es decir, es la indiferencia, a la cual lo espiritual o ideal busca diseccionar, polarizar.

Es a través de esta diferenciación que surge por primera vez la diferencia de las cualidades: ya que esta es fundamentalmente inagotable y, aunque solo se presente en sus ramificaciones más próximas, requeriría su propia presentación científica. Por esto me ceñiré aquí a la más sencilla, es decir, a la división más antigua según los cuatro elementos, aquella a la que también conduce la química más reciente.

[I,7,448] En A = B, B es el elemento de la tierra, el principio más propio de esta. Por lo tanto, si el conjunto de A = B está polarizado según la dirección de B, entonces cae el reino del principio dominante de la tierra, que de nuevo tiene dos lados (metales y tierras).

El elemento opuesto a la tierra, o A, es el aire, el elemento espiritual, ideal, por así decir. Aparte de la oposición de A y B, tenemos que considerar otra oposición. Es aquella entre el nexo y lo que en él se conecta. Aquel se comporta como el que produce, este último como lo producido, por lo tanto, de nuevo como lo *activo* y lo *pasivo,* lo ideal y lo real.

Lo productivo, o el nexo, cuando está en unidad con el producto, no es en realidad otra cosa que la vida interior y el tejido, la suave y tenue llama de la vida que arde en cada ser, incluso en lo que parece muerto (los clarividentes lo ven): pero en contraste y contradicción con lo que es producido, es el *fuego* consumidor.

El elemento del fuego es hostil a la *singularidad* o la *mismidad* de las cosas. Mientras el producto permanezca en relación con él como no-ente, es decir, como base o subyugado, es pacífico. Pero cuando quiere actualizarse en oposición a la esencia, cuando lo no-ente quiere erigirse en ente, entonces surge el fuego iracundo.

Ese elemento que el fuego busca como el que le corresponde, en el que solo descansa, es el *agua*. El fuego y el agua, por tanto, son los dos máximos opuestos, pero precisamente lo más opuesto es también siempre lo más conectado. El agua es solo el fuego *que fluye*, el fuego *in concreto*, la llama, que en realidad nunca surge sin la participación del agua, de hecho solo el agua con fuego, ardiente. [Cabe destacar] la estrecha relación entre ambos: 1) los meteoros cubiertos por agua, 2) la fuerza devoradora que reside en el agua. Además de ser, por un lado, una esencia combustible, por el otro contiene el *menstruum universale*, el oxígeno. El agua en su forma viva (en el mar) está en todas partes junto con el fuego.

[I,7,449] Los antiguos asumieron no injustamente un quinto elemento, una *quinta essentia*. Y no es otra cosa que la propia materia originaria, que es por completo espiritual y corpórea, el elemento *corpóreo* (el cuerpo ya = identidad de A y B). Sobre esto, en su pureza, el fuego no tiene poder. Está en verdadera identidad con el fuego, no como el agua, simplemente a través de lo negativo, de la negación de todas las cualidades, sino más bien a través de la más alta positividad o perfección. Es corporeidad indestructible a través del fuego. El elemento que más se acerca es el todavía muy enigmático elemento que la química más reciente llama nitrógeno, base del reino animal de la naturaleza. El nitrógeno es altamente incombustible por cualquier llama, por violenta que sea; solo por la chispa eléctrica es posible quemarlo, o bien por la mezcla con algo peor, por lo que es arrastrado hacia abajo. Porque todo lo que arde en el fuego tiene algo de imperfecto, malo y corrupto en él. Pasemos ahora a la *segunda potencia*.

La actividad que antes era meramente implícita o puesta potencialmente ahora es explícita o puesta efectivamente: la vida real de la materia es un proceso dinámico.

La primera potencia, como hemos dicho antes, se comporta de nuevo como una *involución*. El principio de esta involución es la gravedad.

A la gravedad, que domina en el A = B, se opone un A^2, que de nuevo se comporta ante la gravedad como lo ente absoluto, el A absoluto, se relaciona con el B inicial, es decir, con la naturaleza. Como esta última despierta la oposición en la naturaleza y con ella la vida, así el A^2 de la naturaleza despierta la oposición en la gravedad y con ella la vida. Este A^2 = *Éter,* [es] lo inmaterial en lo material. Ya en las cualidades dormidas de la materia se despertó la oposición. Pero la gravedad no se comporta de forma pasiva, sino que se muestra reacia a la evolución, [es] oscuridad positiva. Solo a través de esta contradicción actual surge la vida real en la materia. Este es el *proceso dinámico*. También aquí me limito [I,7,450] a lo *más general*.

Distinguimos: 1) los procesos o formas de actividad que están aún más en lo corpóreo o en el producto, y 2) la forma espiritual de los mismos procesos. Los tres procesos básicos del primer tipo son: a) magnetismo = primera dimensión = mismidad, egoidad, b) electricidad = polaridad o contraste entre el productor y el producto, lo activo y lo pasivo, dos cuerpos, de los cuales siempre es uno el pasivo, el otro el activo. (A través de estos dos procesos, las regiones del mundo también se determinan con respecto a la tierra). c) Totalidad de todos los procesos = quimismo o galvanismo (en realidad solo la química viva, en la que se sigue reconociendo la participación de la electricidad). Por último, [se halla] el proceso de combustión.

Pero en cuanto [a lo que] a la forma espiritual de estos procesos [se refiere], a) en lo real, el proceso espiritual correspondiente al magnetismo = sonido, b) como lo ideal, el proceso correspondiente a la electricidad = proceso de luz (la luz es una materia espiritual), c) el que corresponde al quimismo, siempre que lo productivo permanezca en *identidad* con el producto = proceso de calor (calor penetrante). En oposición decisiva al producto = fuego (de hecho, el fuego es la sustancia básica de Vesta, por lo que se cuenta entre los elementos).

En todos estos procesos, por tanto, lo espiritual se desarrolla desde la profundidad de la propia materia, que es precisamente la intención de toda la creación. Todo es sacado del propio principio oscuro por el principio creativo superior, que llamamos *Éter*, pero que es el verdadero espíritu vital de la naturaleza: ya que hemos demostrado que el nexo que yace *en* el producto desde su lado ideal, es decir, en la medida en que se vuelve contra el ideal absoluto, = es la luz, entonces la luz es realmente la manifestación inmediata de este espíritu vital. Por lo tanto, la luz debe ser explicada como el agente evolutivo animador general, y nada se diría en contra si, en lugar de oponer el éter y la gravedad el uno al otro, pusiéramos la luz y la gravedad en la misma relación. Ahora [pasemos a] la *tercera potencia*.

Hasta ahora, la gravedad afirmaba su sustancialidad frente a la luz (A^2). Pero como, al igual que esta, es en realidad [1,7,451] solo una forma subordinada a A^3, y A^3 también se encuentra implicada en la B inicial, la más alta potencia de la naturaleza es necesariamente aquella en la que la *luz* y la *gravedad* (o la materia, pues estas son *correlata)*, puestas conjuntamente bajo A^3, son solo las formas conjuntamente subordinadas de A^3.

Que esto ocurre en el organismo es evidente por el hecho de que solo en el organismo la materia, que antes parecía ser la sustancia misma, se subordina a lo mayor, es decir, a la vida misma, que es precisamente A^3. Prueba de ello es que en el organismo la materia no vale en absoluto según su sustancia, que aquí más bien ha convertido a su *forma* en lo esencial, es decir, que ella misma se ha convertido esencialmente en forma.

¿Qué es A^3? Respuesta: es la sustancia más íntima de B, que contiene implícitamente todas las potencias en sí misma.

Las *potencias* de A no expresan otra cosa que la elevación sucesiva de lo no-ente = B en lo ente o la A.

Así que A^3 en la naturaleza no expresa otra cosa que lo ente más elevado surgido de lo no-ente, es decir, lo *más íntimo* de la naturaleza.

Si hubiera querido complicar la fórmula, podría igualmente haber designado B por potencias según los distintos grados en los que se hace igual (=) a A esto es, [se hace] ente, [y] de la siguiente manera.

La expresión básica de la naturaleza es $A = B^+$, o sea que en ella la B, lo no-ente que domina en primer lugar, deviene *ente*. En el nivel más bajo, lo ente se pierde completamente en lo corpóreo.[1] Aquí, pues, lo no-ente tiene el mayor poder *(Gewalt)*, y así esto, es decir, la primera potencia de la naturaleza, podríamos haberlo expresado

1 En el original se abrevia: «En el nivel más bajo, completamente en lo físico». *(N. del T.)*

por $A^1 = B^3$. Donde B está aún en la potencia más alta, A necesariamente permanece en la más baja. De modo que ($A^1 = B^3$) [1,7,452] [es la] expresión de la gravedad. En el proceso dinámico, en el que la sustancia antes silenciosa ya da señales de vida, es ella misma *como* B, es decir, como no-ente, ya reducido por una potencia, así = B^2, pero lo ente ha aumentado por una potencia, de modo que así el conjunto = $A^2 = B^2$. Aquí lo no-ente y lo ente están todavía en equilibrio; de ahí que el proceso dinámico en la naturaleza sea el período de lucha en el que todavía no se obtiene ningún producto fijo (estas potencias se suceden también en el tiempo. Potencia = período).

En el *organismo,* lo no-ente es rebajado a la potencia más baja, lo ente, en cambio, es elevado de nuevo en uno; aquí, pues, la expresión de B, B^1, de A, A^3.

En el *proceso orgánico,* las formas son las mismas que en el dinámico, solo que elevadas a un nivel muy superior. También en este caso, solo daré brevemente lo esencial. Lo *más esencial* es que A^2 y $A = B$ son uno. Ahora bien, la luz de la materia solo puede haberse unido consigo misma para la *primera dimensión,* de modo que al menos todo está subordinado a ella. Esto = reproducción (dimensión egoísta, real), crecimiento = (coherencia), brotes, vegetación. Esta unión se produce también para la *segunda dimensión* (correspondiente a la electricidad, pero penetrada en la sustancia = electricidad sustancial), entonces esta = irritabilidad, en la que, sin embargo, se *repiten* todas las dimensiones: a) circulación, b) respiración, c) movimiento voluntario (secreto más elevado).

Si la luz y la materia también se interpenetran para la *tercera* dimensión, donde, por lo tanto, ahora la totalidad del ser, que antes se comportaba como una cosa *conocida,* se ha vuelto *cognoscente,* entonces esto = sensibilidad.

En el segundo nivel, se abrió efectivamente un mundo exterior al ser orgánico, pero de tal manera que permanece en una relación de diferencia con ella. El tercer nivel de la vida orgánica es cuando el producto contiene la posibilidad de otras cosas en sí mismo sin estar en una relación de diferencia con ellas, cuando las intuye en sí mismas. (Sensibilidad, facultad animal de intuición). Aquí el B, que al principio, en la materia inorgánica, todavía ejercía el poder más elevado, [I,7,453] es superado y, por lo tanto, como lo que antes era conocido, se transforma ahora en lo cognoscente. En la sensibilidad la B se incrementa a A^3. Ahora bien, si asumimos el número de cinco sentidos, la división es esta: 1) un polo ideal y real, cara y sentimiento; 2) correspondiente a esos tres procesos básicos a) sentido de magnetismo = oído, b) para la electricidad = olor, c) para la química = sabor.

Después de que el A^3 haya entrado a través de los sentidos, la naturaleza estaría propiamente cerrada. Pero la *praesagia* del propio espíritu se anuncia todavía en el instinto, impulso artístico, en la transición al mundo espiritual, previamente a la naturaleza orgánica como producto. La B elevada a A^3 vuelve a separar, a diferenciar. El polo real = planta, el ideal = animal. Indiferencia de la planta y el animal (según la forma exterior y la formación interior), la corona de la creación = el hombre (formación de las dimensiones). Pero en detalle, también, el mismo contraste a través del *género* (mujer = planta, hombre = animal). El secreto de la separación de los sexos no es otra cosa que la presentación de la relación original de los dos principios, cada uno de los cuales es real *para sí* mismo y en la medida en que es independiente del otro y, sin embargo, no es ni puede ser sin el otro. El mediador en esta dualidad, que no excluye la identidad, y esta identidad, que no excluye la dualidad, es el *amor*. Dios mismo está conectado con la naturaleza a través del amor voluntario, *no la* necesita y, sin embargo, no quiere estar sin ella. Pues el amor no está donde dos seres se necesitan mutuamente, sino donde cada uno podría ser por sí mismo, como, por ejemplo, Dios —que ya es *en sí mismo suâpte natura,* lo ente— donde, por tanto, cada uno podría ser por sí mismo, y, sin embargo, no considera un robo ser por sí mismo, y no quiere ser, no puede ser moralmente sin el otro. Esta es también la *verdadera* relación de Dios con la naturaleza y no una relación *unilateral.* También la naturaleza se siente atraída hacia Dios por el amor y, por tanto, se esfuerza con incesante diligencia en dar frutos divinos.

La tierra ama al cielo y tiene el anhelo constante [I,7,454] hacia él, como la mujer hacia el hombre. Dios ama lo que es inferior, lo que está por debajo de él, la naturaleza, porque solo de ella puede producir espíritus semejantes *a Él.*

Sin embargo, aún no se ha considerado una determinación de la naturaleza. A saber, todo producto natural es un A y un B, la identidad, lo real original en sí mismo, ya que se ve obligado gradualmente a emerger de la oscuridad a la luz, y así mostrarse sucesivamente como gravedad, como coherencia, como sonido, como luz, como calor, finalmente como fuego, al final incluso como A^3, como el *alma* real en lo orgánico.

Entonces, ¿cómo es que este nexo no es eterno, lo que en realidad sería de esperar? ¿De dónde viene la transitoriedad general de la naturaleza? En efecto, esta pregunta no podía responderse antes que ahora; pero su respuesta está relacionada con la transición al mundo espiritual. Así 1) toda la naturaleza no es más que la escala, el fundamento del mundo espiritual; por tanto, aunque es un ente vivo en sí mismo, no lo es por sí misma; ha de ser de nuevo como un no-ente en relación con el mundo espiritual. Puesto que, por tanto, solo es debido a lo superior a causa del A^2 absoluto, también necesita la afirmación por parte de este, y solo puede recibir esta afirmación en la medida en que se somete a ella y se convierte en su medio de existencia, de manifestación como ente.

Pero la naturaleza, o lo no-ente, solo puede elevarse gradualmente y paso a paso hasta el punto de ser capaz de recibir el A^2 absoluto en sí mismo, y convertirse así en su manifestación inmediata, su cuerpo, por así decirlo.

Solo llega a ser capaz de ello cuando tiene en sí mismo lo que es similar a A^2, es decir, cuando su B inicial se transfigura hasta el punto de que él mismo se convierte en A^2 (en el sentido absoluto).

Ahora la cuestión es en qué punto de la naturaleza será así = punto de transfiguración de la naturaleza.

En lo que se ha dicho hasta ahora, hemos llegado al punto en que [1,7,455] el B inicial se eleva en ella a A^3. Pero como este A^3 es relativo, sigue siendo objetivo, es decir, en relación con el todo, no obstante, aunque sea el A absoluto, se comporta en relación con la naturaleza de nuevo como un B en relación con un A aún más elevado. Este A todavía más alto ya no puede estar *dentro* de la naturaleza, pues todo se completa en ella cuando se alcanza la tercera potencia. Por lo tanto, se encuentra *por encima* y *fuera de la naturaleza*. Si dejáramos que las potencias continuaran, podríamos designarlo por A^4, porque ya teníamos un A^3 en la naturaleza, pero con ello no expresaríamos nada más que [el hecho de] que era A^2 con respecto a toda la naturaleza. Este A^2 absoluto, pues, con el que el A^3 de la naturaleza, cuya actividad más elevada hemos encontrado en la facultad de intuición, se relaciona de nuevo como un B, está fuera o *por encima* de la naturaleza, pero sigue obrando *en* ella, no está escindido de ella, ya que es más bien, en contraste con ella, lo generalmente excitante de la misma.

Su primera relación con el A^3 de la naturaleza es de nuevo como lo subjetivo y lo objetivo, lo emocionante y lo excitado. O bien: su primera relación con él es la *oposición*. Lo que importa ahora es encontrar las *manifestaciones* de esta oposición. No son otra cosa que los fenómenos del instinto animal, que para todo hombre pensante pertenecen a la más grande de las verdaderas piedras de toque de la genuina filosofía.

Las peculiaridades del instinto: a) acciones que se asemejan bastante a las que se cometen con la razón y, sin embargo, b) se cometen con falta de toda deliberación, reflexión, o sin ninguna razón subjetiva, y puesto que razón subjetiva = entendimiento, sin ningún entendimiento. *Explicaciones de esto*: Descartes [lo explica] como mecanismo —los animales como máquinas—. Leibniz, a través de las ideas oscuras, admitió que el instinto es algo del tipo, pero la explicación es demasiado general. En tiempos más recientes, el instinto ha sido denominado un análogo o un grado de razón. Lo primero no dice nada, lo segundo es una tontería. La explicación se basa en la oposición de A^3, que aquí vuelve a comportarse como B, es decir, como gravedad en la potencia más alta, y el A^4 o [1,7,456] absoluto A^2. El A^3 es para el A^4 una sustancia en la que querría despertar un A^2 propio (como siempre ha despertado antes lo similar en la naturaleza), pero en los animales no lo consigue todavía, pero, sin embargo, como el A^3 está excitado por el principio espiritual absoluto, actúa como si hubiera tal cosa en sí mismo; en una palabra, actúa como el entendimiento de los animales; o, como los antiguos lo expresaron ya muy acertadamente: *Deus est anima brutorum*. Lo divino los anima, y por eso actúan o en ellos el A^3 actúa ya según el principio espiritual, como si fuera este mismo algo espiritual (como implícita o potencialmente ya lo es). Sin embargo, en el caso del hombre no es así. Lo divino no es su alma, sino que él mismo es su alma.

Se pueden distinguir tres etapas del instinto. 1) La autopreservación como individuo y como especie (amor a las crías, aves migratorias). 2) El instinto artístico es la producción de algo fuera de uno mismo (en parte compensación del instinto de procreación). Es curioso que en el instinto estén representadas precisamente las dos artes, la arquitectura y la música, que sin esto están relacionadas, de modo que la arquitectura entre las artes plásticas corresponde propiamente a la música (Vitruvio). 3) Adivinación. Carácter tranquilo y ser autocontenido en sí (aquello que es innegable). La unilateralidad de estos personajes, que debería desaparecer en el mundo humano.

A través de la acción del A^4 sobre el A^3, un A^4 brota, por así decirlo, parcialmente en este último —pero solo parcialmente— por lo que no es un A^4 absoluto, sino solo parcial, porque siempre [brota] solo en una determinada relación. El propio instinto es siempre ligado a ciertos órganos y mediado por ellos; solo en casos particulares los animales actúan de forma inteligente, pero se trata de un entendimiento global.

Solo en el hombre el A^2 absoluto, lo largamente buscado, lo largamente anhelado, se eleva finalmente fuera del B, lo en sí o *sua natura* ente a partir de lo no-ente.

Lo que es *sua natura* ente es espíritu, y lo que se ha levantado de lo no-ente, en la medida en que se ha convertido así, pero que, sin embargo, es *natura sua* ente [I,7,457] es *espíritu finito*. (Aparentemente, la mayor contradicción, pero la naturaleza está llena de tales contradicciones). El espíritu es a) lo ente *natura sua* en el hombre, b) sin embargo, solo creado a partir de lo no-ente, es espíritu finito, en eterna diferencia [respecto] de Dios.

Solo se puede plantear una pregunta: ¿Por qué solo en el hombre se pone realmente el ideal absoluto o el A^2 absoluto, mientras que en todas las demás partes es meramente potencial? Esta es la tarea de una ciencia propia, la antropología, cuyo concepto se fija aquí. Solo comento lo siguiente.

El A^2 absoluto despertado *en* la naturaleza se relaciona *con* la naturaleza en la que se despierta, de nuevo como lo subjetivo con lo objetivo, lo que conoce con lo que es conocido. Pero lo subjetivo absoluto solo está allí donde [está] lo objetivo absoluto, es decir, lo objetivo en su perfección, su *totalidad*. Esto solo ocurre en el *hombre,* según el viejo dicho de que el cuerpo humano es el mundo en miniatura, un microcosmos. Solo hay un tipo de ser del que podría decirse lo mismo, a saber, de esos grandes conjuntos que, por ser cuerpos y mundos al mismo tiempo, se llaman cuerpos celestes *(Weltkörper)*.

[1,7,457] Solo lo *ente* según su naturaleza es también *libre* en sí mismo o en su concepto. Toda dependencia proviene solo del ser. Pero lo que es en sí mismo y en virtud de su propia naturaleza es lo que no puede ser determinado por nada más (pues todo devenir determinado es una pasividad, es decir, un no-ente). Dios como el absoluto *ente* es, por tanto, también lo absolutamente libre, el hombre, sin embargo, como ente surgido de lo no-ente, alcanza también una libertad bastante peculiar a través de esta doble relación de su esencia.

En la medida en que se eleva de lo no-ente, tiene en esa medida una raíz que es independiente de lo ente en cuanto tal. Lo divino es, en efecto, la elevación, la creación de su espíritu, pero aquello desde lo que se eleva es todavía distinto de lo que [1,7,458] lo eleva. Se relaciona con Dios como la flor se relaciona con el sol. Al igual que la flor solo surge de la tierra oscura por efecto del sol y se transfigura en luz, sin embargo, siempre permanece independiente del sol en su raíz. Si la relación del hombre con Dios no fuera tal, no tendría libertad respecto de Dios. Sería como un rayo en el sol, una chispa en el fuego. Ya ven *ustedes* cómo el principio de que tiene que haber algo en Dios mismo que no sea *Él mismo* se nos impone de nuevo aquí, en esta etapa de la consideración, como algo muy necesario. Es objetable a primera vista, especialmente en el caso de los conceptos abstractos predominantes de la llamada religión racional, pero es inevitable si se quiere afirmar la libertad.

Los defensores de la libertad suelen pensar solo en mostrar la independencia del hombre frente a la naturaleza, lo cual es, por supuesto, fácil. Pero su independencia interior de Dios, su libertad también en relación con Dios, la dejan sin tratar, porque esto es lo más difícil.

Así, porque el hombre se encuentra en el medio entre lo no-ente de la naturaleza y lo ente absoluto = Dios, está *libre* de ambos. Es libre de Dios en cuanto tiene una raíz independiente en la naturaleza, libre de la naturaleza en cuanto se despierta en él lo divino, que está en medio de la naturaleza por encima de la naturaleza. Esta puede llamarse la parte propia (natural) del hombre, por la que es un individuo, un ser personal; esta su parte divina. Esto lo hace *libre* —en sentido humano— [el] que está en el punto de indiferencia. Es manifiesto que la vida física progresa hasta el hombre, que una sucesión constante de elevaciones y aumentos llega hasta él, que *él* es el punto en el que la vida espiritual se eleva realmente. Él, la criatura, en la que lo corpóreo debía someterse a lo espiritual como un suave soporte y así ser elevado a la permanencia, no solo en sí mismo, sino también en el resto de la naturaleza por la constante coherencia de las obras de la naturaleza. Pero tan pronto como el hombre, en lugar de subordinar su vida natural a la divina, despertó [1,7,459] a la actividad en sí mismo el principio destinado a la relativa inactividad (lo natural, lo propio), también la naturaleza, a causa del punto de transfiguración ahora eclipsado, se vio obligada a despertar precisamente este principio en sí misma, y *nolens volens* a ser un mundo independiente de lo espiritual.

De que algo así ha sucedido, de esto nos convence todo [lo siguiente]. 1) La forma actual de la naturaleza

a) en vista de la borrosa legalidad (de lo contrario todo sería abierto y claro); b) el poder del azar que entró en la naturaleza no aparece en absoluto en todas partes como un conjunto tan necesario; c) la inquietud de la naturaleza en su unidad, ya que, si hubiera alcanzado su máxima unidad, debería estar más bien en reposo. 2) Especialmente la presencia del mal y, por tanto, la visión del mundo moral. Porque el mal no es precisamente otra cosa que lo no-ente relativo, que se erige en ente, desplazando así al verdadero ente. Es, por un lado, una nada, por otro, un ser altamente real. También en la naturaleza existe el mal, el *veneno*, por ejemplo, la enfermedad, y lo que es la prueba más alta de la realidad de tal reversión de toda la naturaleza y especialmente del hombre —la muerte.

De este modo, obtenemos al mismo tiempo una nueva visión de la naturaleza. Hasta ahora nos hemos referido a ella como la primera potencia. Pero al no alcanzar la eternidad, hundiéndose así en el tiempo, se convierte en el primer *período*. Por lo tanto, toda la naturaleza, tal como es ahora, es realmente solo el primer período de la vida, la antesala de la vida más elevada, no esta vida misma. El hombre mismo sigue siendo espíritu, pero bajo la potencia de B. Como espíritu, como esencia de orden superior, el hombre es devuelto al nivel del ser, de la *primera potencia*. El proceso que se había iniciado en la naturaleza comienza de nuevo en él. También él debe salir primero de lo no-ente, desplazar las tinieblas que hay en él mismo y llamar a la luz de la bondad, la verdad y la belleza desde una oscuridad superior, desde las tinieblas del mal, el error y la perversidad. La prueba de esta supremacía del ser sobre el hombre, de su retroceso a la primera potencia, reside sobre todo en el *poder* que el exterior tiene sobre el interior en esta vida. Después de que la existencia de la naturaleza haya sido puesta en peligro por el hombre, y de que la naturaleza se haya visto obligada a constituir su *propio* mundo, ahora todo parece dirigirse únicamente a la conservación de este basamento externo de la vida. Todo, incluso lo más noble, que entra en colisión con ella, perece, y lo mejor debe, por así decirlo, entrar en alianza con esta fuerza externa para ser tolerado. Por supuesto, aquello que triunfa en esta lucha, lo que, sin embargo, se afirma como divino frente a esta superioridad del exterior, eso es como si se probara por el fuego, en el que debe haber realmente un poder totalmente divino.

Sin embargo, la mayor prueba de esta recaída del hombre en la naturaleza y a la primera potencia reside en lo siguiente.

El hombre no está solo en el mundo, [sino que] hay una multiplicidad de hombres, una raza humana, una humanidad. Al igual que la multiplicidad de las cosas en la naturaleza se esfuerza por conseguir una unidad y solo en esta unidad se siente completa y, por así decirlo, feliz, lo mismo ocurre con la multiplicidad en el mundo humano.

Pero la verdadera unidad de la naturaleza habría sido el hombre y a través de él lo divino y eterno. Ahora la naturaleza ha perdido esta suave unidad por culpa del hombre; por lo tanto, debe buscar una unidad propia. Pero como la verdadera unidad no puede estar en ella, sino solo en Dios, es precisamente esta separación de Dios lo que la convierte en objeto de una lucha constante. Busca la unidad y no la encuentra. Si hubiera alcanzado su punto de unidad y transfiguración, habría sido totalmente orgánico, se habría elevado al nivel más alto del ser, y el espíritu despertado en el hombre también se habría derramado sobre ella. Sin embargo, al no poder alcanzar la naturaleza esta unidad orgánica, lo inorgánico levantó la cabeza. También lo inorgánico pertenece a esa especie de lo no-ente que se ha elevado a un ente. Un *reino* de lo inorgánico es una contradicción; porque un reino es una unidad, pero lo inorgánico = no-unidad. Pero es precisamente lo no-ente el que ahora se ha convertido en lo ente y debe *por necesidad* querer ser lo ente.

[1,7,461] Al igual que la naturaleza ha perdido su verdadero punto de unidad, también la *humanidad* lo ha perdido. Para ellos radicaba precisamente en el hecho de permanecer como una indiferencia o centro, entonces *Dios mismo* habría sido su unidad, pues solo *Dios* puede ser la unidad de los seres libres.

Ahora siguen siendo seres libres, pero separados de Dios.

Ahora ellos también deben buscar su unidad, y no la encuentran.

Dios ya no puede ser su unidad, por lo que deben buscar una unidad natural, que, sin embargo, al no poder ser la verdadera unidad para los seres libres, no es más que un vínculo igualmente temporal y transitorio, como el vínculo de todas las cosas, y como ese vínculo que mantiene unida la naturaleza inorgánica.

La unidad de la naturaleza, esta segunda naturaleza por encima de la primera, a la que el hombre debe necesariamente llevar su unidad, es el *Estado;* y el Estado es, por tanto, para decirlo sin rodeos, una consecuencia de la maldición que recae sobre la humanidad. Como el hombre no puede tener a Dios como unidad, debe someterse a una unidad física.

El Estado tiene una contradicción en sí mismo. Es una unidad natural, es decir, una unidad que solo puede actuar por medios físicos. A saber, el Estado, aunque sea gobernado con algo de razón, sabe bien que no puede lograr nada por meros medios físicos, que debe recurrir a motivos más elevados y espirituales. Pero estos yacen más allá de su campo de acción y de su control por la violencia, y, sin embargo, se jacta de ser capaz de producir un estado moral, por tanto, de ser un poder como la naturaleza. Pero para los espíritus libres ninguna unidad natural es suficiente; un talismán superior le pertenece, y, por lo tanto, toda unidad que surge, incluso en un Estado, es siempre solo precaria y temporal.

Es bien sabido el esfuerzo que se ha hecho, especialmente desde la Revolución Francesa y los conceptos kantianos, para mostrar cómo es compatible la unidad con la existencia de seres libres, [I,7,462] es decir, cómo es posible un Estado que en realidad solo sería la condición de la máxima libertad posible de los individuos Pero esto es imposible. O se le quita el poder propio al Estado, o se le da, entonces hay despotismo. (Inglaterra es una isla; Grecia también es en parte un Estado insular). Por lo tanto, es muy natural que ahora, al final de este período, cuando se ha hablado de nada más que de la libertad, las mentes más consecuentes, al perseguir la idea de un Estado perfecto, llegan a la teoría del peor despotismo (el Estado comercial cerrado de Fichte, etc.).

Mi opinión es que el Estado *como tal* no puede encontrar ninguna unidad verdadera y absoluta, que todos los Estados son solo intentos de encontrar esa unidad, intentos de convertirse en conjuntos orgánicos sin poder llegar a serlo realmente, o al menos solo con el destino de todo ser orgánico, florecer, madurar, finalmente envejecer, por último morir. Lo que hay que pensar de la idea de un Estado racional, del ideal de un Estado, lo ha mostrado Platón, aunque no se haya pronunciado expresamente al respecto. El verdadero Estado presupone un cielo en la tierra, la verdadera *politeia* solo está en el cielo; la libertad y la inocencia son la única condición del Estado absoluto. El Estado de Platón presupone por completo estos dos elementos. Pero Platón no dice: un Estado como el que aquí describo se lleva a cabo, sino: si pudiera haber un Estado absolutamente perfecto, tendría que ser así, es decir, presuponer la libertad y la inocencia, si tal cosa es posible.

El más alto enredo surge de la colisión de los Estados entre sí, y el más alto fenómeno de la unidad que no se encuentra ni puede encontrarse es la *guerra*, que es tan necesaria como la lucha de los elementos en la naturaleza. Aquí los hombres entran de lleno en la relación de los seres naturales entre sí.

Si ahora añadimos a esto cuánto vicio el Estado desarrolla, primero la pobreza, luego el mal en grandes masas, entonces la imagen de la humanidad hundida por completo en lo físico, incluso en la lucha por su existencia, está completa.

[I,7,463] Habiendo considerado hasta aquí la degradación del hombre, hagamos lo propio ahora también con su *re-elevación*. Su degradación se debe a que el vínculo entre A^2 y $A = B$ se ha suprimido, y a que él mismo ha caído por completo en el mundo exterior. Este abismo no puede permanecer, pues tocaría la existencia misma de Dios. Pero ¿cómo se va a suprimir este abismo? No a través del hombre en su estado actual. Por lo tanto, solo a través de *Dios mismo,* solo Dios puede establecer el vínculo de los mundos espiritual y natural, y solo a través de una segunda *revelación,* similar a la primera en la creación inicial. Aquí, pues, entra el concepto de revelación en sentido estricto como filosóficamente necesario. La revelación tiene varias etapas; la más elevada es aquella en la que lo divino se hace completamente eterno, en una palabra, en la que él mismo se hace *hombre,* y, por así decirlo, solo como segundo y divino hombre, vuelve a ser tan mediador entre Dios y el hombre como el primer hombre debía serlo entre Dios y la naturaleza. Esta revelación no pudo establecer la relación directa de Dios con el mundo del *ser*. Esto no era posible sin destruirlo como un mundo *propio,* en el que ahora se había convertido. Si Dios lo hubiera querido, no sería necesaria ninguna revelación. La revelación presupone el estado de corrupción del mundo. Para la naturaleza, el hombre estaba destinado a ser el mediador, y esto había faltado. Eventualmente, fue el hombre el que tuvo necesidad de un mediador. Pero al ser devuelto a la vida espiritual, el hombre también volvió a ser capaz de ser mediador entre Dios y la naturaleza; y especialmente en la aparición de Cristo, se hizo evidente lo que el hombre debía ser originalmente en relación con la naturaleza. Cristo fue dueño de la naturaleza por su *mera* voluntad, *él* [estaba] en esa conexión mágica con la naturaleza en la que el hombre debía estar originalmente.

Al Estado, como intento de lograr una mera unidad exterior, se opone otra institución, fundada en la revelación, que pretende lograr una unidad interior o espiritual, la *Iglesia*. La Iglesia es una consecuencia necesaria de la revelación, en realidad solo [1,7,464] el reconocimiento de esta. Sin embargo, una vez que se ha producido la separación entre el mundo interior y el exterior, la Iglesia no puede convertirse en un *poder externo;* por el contrario, mientras exista esta separación, será empujada cada vez más hacia el interior por el poder del exterior.

El error cometido en la anterior época jerárquica de la Iglesia no fue que se inmiscuyera en el Estado, sino al revés, que dejara entrar al Estado, se abriera a él, tomara formas del Estado en sí misma, en lugar de permanecer en su pureza de todo lo externo. Lo verdadero y divino no debe ser promovido por la fuerza externa, y tan pronto como la Iglesia comenzó a perseguir a los infieles, ya había perdido su verdadera idea. Debería haber sido magnánima, consciente de su propio contenido celestial, debería haber permitido la existencia de la herejía, no ponerse en la posición de tener y de reconocer enemigos.

Si observamos la historia moderna, que básicamente comienza con la llegada del cristianismo a Europa, parece que el género humano ha tenido que pasar por estos dos intentos de encontrar o lograr la unidad. Primero, el de lograr una unidad interna a través de la Iglesia, que, sin embargo, tuvo que fracasar porque quiso afirmarse al mismo tiempo como una unidad externa. Luego la unidad *externa* a través del Estado. Solo desde la caída de la jerarquía, el Estado ha adquirido este significado, y es evidente que la presión de la tiranía política ha aumentado siempre en la misma proporción en la que se pensó que se podía prescindir de la unidad interior, por lo que probablemente seguirá aumentando hasta su máximo, hasta que quizás, después de estos intentos unilaterales, la humanidad encuentre por fin lo que es correcto.

Cualquiera que sea el objetivo final, esto es seguro: que la verdadera unidad solo puede alcanzarse por medios religiosos, y que solo el más alto y completo desarrollo del conocimiento religioso en la humanidad será capaz de hacer que el Estado, donde no sea hecho prescindible ni abolido, al menos se libere gradualmente [I,7,465] de la violencia ciega por la que también se rige y se transfigure en inteligencia. No se trata de que la Iglesia domine al Estado o que el Estado domine a la Iglesia, sino que el propio Estado desarrolla en sí mismo el principio religioso, y que la gran unión de todos los pueblos se apoya en convicciones religiosas que se han hecho universales.

Pero cualquiera que sea el destino del género [humano] en la tierra, es posible que el individuo, como lo hizo el hombre al principio en relación con toda la tierra, se apresure ahora a adelantarse al género y a anticipar lo más alto para sí mismo.

Esto nos conduce a la consideración del espíritu humano, no en sus destinos y ensayos exteriores, sino según su esencia interior y según los poderes y potencias que también residen en el individuo.

En el espíritu humano como tal hay de nuevo tres potencias o lados. La primera es aquella por la que se vuelve contra el mundo real, del que no pudo liberarse. A esta se opone la potencia ideal, el lado de su más alta transfiguración, su más pura espiritualidad. La intermedia o segunda es aquella por la que entra en el medio entre el mundo ideal y el real, para restablecer el vínculo de ambos mundos en sí mismo, desarrollado a través de la libertad, o para continuar la división.

Estos tres aspectos o potencias del espíritu en general son excelentemente designadas en lengua alemana por el ánimo *(Gemüth)*, por el espíritu *(Geist)* y por el alma *(Seele)*. Sin embargo, en cada uno de ellos hay de nuevo tres potencias, que de nuevo se comportan como ánimo, espíritu y alma.

1. El *ánimo* es el principio oscuro del espíritu (ya que el espíritu es al mismo tiempo la expresión general), por medio del cual está en relación con la naturaleza en el lado real, y en relación con el mundo superior en el lado ideal, pero solo en relación oscura.

La parte más oscura y, por tanto, más profunda de la naturaleza humana es el anhelo, la gravedad interior del ánimo, por así decirlo, por lo tanto en su manifestación más profunda la *melancolía*. A través de esta, en particular, media la simpatía del hombre con la naturaleza. También la parte más profunda de la naturaleza [1,7,466] es melancólica; también ella se lamenta por un bien perdido, y también toda la vida tiene una melancolía indestructible unida a ella, porque tiene *debajo* algo independiente de sí misma. (Que se eleva *por sobre* y se hunde *bajo* ella).

La siguiente potencia del ánimo es la que corresponde en ella al espíritu, es decir, en general al carácter del espíritu. [El] [e]spíritu es lo ente *natura sua*, una llama que arde en sí misma. Pero como, en cuanto ente, se opone al ser, el espíritu no es en realidad más que la búsqueda del ser, como la llama busca la materia. La esencia más profunda del espíritu es, pues, la adicción, el ansia, la lujuria. Quien quiera captar el concepto del espíritu en su raíz más profunda, debe familiarizarse especialmente con la esencia del *ansia*. En el ansia se revela, en primer lugar, lo ente [que es] a partir de sí, [por ello] el ansia es algo inextinguible; con respecto a toda ansia, la inocencia solo puede perderse una vez. Es un hambre de ser, y toda satisfacción solo le da nueva fuerza, es decir, un hambre aún más violenta. Allí se puede ver aún más lo inextinguible del espíritu. Es fácil considerar hasta qué punto esta ansia, esta hambre de ser, puede elevarse en el hombre después de que este se haya desvinculado del ser, de que ya no tenga ninguna influencia directa sobre el ser, cuando, por tanto, lo ente se encuentra, por así decirlo, en completa pureza.

La tercera potencia del ánimo es el *sentimiento* (la sensibilidad, como en la naturaleza orgánica, la irritabilidad precedente). El sentimiento es lo más elevado del ánimo, lo más glorioso que un hombre tiene en el ánimo, y lo que debe valorar por encima de todo. El ánimo es en realidad lo real del hombre, con y en el que debe efectuar todo. El mayor espíritu sin ánimo[2] permanece estéril y no puede engendrar ni crear nada. Aquellos que quieren fundar la ciencia en el sentimiento la fundan, pues, en la potencia más alta, pero en el nivel más bajo.

II. La segunda potencia del espíritu es lo que llamamos el *espíritu* en sentido estricto, *l'esprit*, propiamente lo personal en el hombre y, por lo tanto, también la potencia propia de la conciencia.

2 Podría tratarse de una errata de Schelling: por el contexto debería referirse al sentimiento, pero menciona al ánimo, que es la caracterización general del espíritu humano. *(N. del T.)*

[1,7,467] La naturaleza *general* del espíritu, según lo anterior, es que es ansia, adicción, hambre de ser. En la primera potencia, en el ánimo, que sigue siendo lo inconsciente del hombre, existe aun como *mera* ansia y lujuria, pero aquí [se manifiesta] como deseo *consciente*, en una palabra como *voluntad*. Por lo tanto, la voluntad es lo más íntimo del espíritu.

Pero la voluntad tiene de nuevo dos caras, una real, que se relaciona con la individualidad del hombre, la *voluntad propia*, y un lado general o ideal, el entendimiento.

Así que el espíritu en sentido estricto también tiene tres potencias de nuevo. a) La primera es la potencia de la voluntad propia, del egoísmo, que sería ciego sin *entendimiento*. (La voluntad propia *debe* existir. No es ella misma el mal, sino solo cuando se convierte en dominante. La virtud sin una voluntad propia activa es virtud sin mérito. De ahí que pueda decirse que aun el bien incluye el mal en sí mismo. Algo bueno, si no tiene en él un mal que ha sido superado, no es un bien vivo real. La voluntad propia más activa, pero subyugada, es lo más alto). b) Frente a ella está lo más elevado, que es el entendimiento. La potencia intermedia se produce a partir del entendimiento y la voluntad propia juntos, c) la voluntad propia, que así aparece de nuevo aquí en el punto de indiferencia. Pero no es esta *relación* —no es su [lugar] medio entre el entendimiento y la voluntad propia— sino la que existe entre el primero y el tercero, la potencia más profunda y la más elevada, lo que constituye realmente su libertad. Por lo tanto, para reconocer plenamente la esencia de la libertad, debemos necesariamente considerar primero la tercera potencia.

En efecto, es opinión común que el espíritu es lo más elevado del hombre. Pero que no puede serlo en absoluto se deduce del hecho de que es susceptible a la enfermedad, al error, al pecado o al mal. Puesto que la enfermedad, el error y el mal surgen siempre de la erección de un relativo no-ente sobre un ente, el espíritu humano debe ser también un relativo no-ente en relación con un ser superior. Si no fuera así, no habría diferencia entre la verdad y el error. Entonces, hasta cierto punto [1,7,468] todos y *nadie* tendrían razón, si no hubiera de nuevo una instancia superior *por encima* del espíritu. Pues el espíritu no puede ser el juez supremo, porque sus pretensiones no permanecen siempre idénticas. Tampoco el error es una mera *privación* de la verdad. Es algo altamente positivo. No es una carencia de espíritu, sino espíritu invertido. Por lo tanto, el error puede ser altamente espiritual, y aun así ser un error. Igualmente, el mal es no una mera privación del bien, no una mera negación de la armonía interior, sino una desarmonía positiva. Tampoco el mal proviene del cuerpo, como muchos siguen pensando. El cuerpo es una flor de la que algunos extraen miel y otros, veneno. No es el espíritu el que es infectado por el cuerpo, sino viceversa, el cuerpo por el espíritu. El mal es, en cierto sentido, lo más puramente espiritual, pues libra la guerra más feroz contra todo *ser;* de hecho, quisiera suprimir el fundamento de la creación. Quien solo conoce un poco los misterios del mal (pues hay que ignorarlo con el corazón, pero no con la cabeza) sabe que la más alta corrupción es precisamente también la más espiritual, que en ella desaparece todo lo que es natural y, por consiguiente, hasta la sensibilidad, sí, la misma lujuria, que pasa a la crueldad, y que el mal demoníaco-diabólico está mucho más alejado del placer que el bien. Entonces, si el error y la maldad son espirituales y se originan en el espíritu, no es posible que este sea lo más alto.

III. Esto más alto, la tercera potencia, es el *alma*. Incluso en el lenguaje común distinguimos a las personas de espíritu y a las personas con alma. En efecto, un hombre lleno de espíritu puede no tener alma. El alma es lo propiamente divino *en el hombre,* por tanto, lo *impersonal,* lo propiamente ente, al que lo personal debe estar sujeto como un no-ente. Dudas al respecto. a) Se habla de enfermedades del alma. Pero no existen tales cosas. Solo la mente o el espíritu pueden estar enfermos, como mostraré con mayor detalle más adelante. b) En la vida común también se dice de una persona: tiene un alma mala, negra, falsa. Pero solo de la misma manera que se habla de una falsa virtud. Por otro lado, [I,7,469] nunca se podrá decir que el hombre que actúa de manera viciosa o sin escrúpulos ha actuado con alma. Así que un alma negra *no* es, pues, un alma. (Igualmente, existe un error espiritual, pero no del alma).

Así que el alma es lo impersonal. El espíritu *sabe,* pero el alma no sabe, sino que ella es la ciencia misma. El espíritu, por tener también la posibilidad del mal en sí mismo, solo puede ser *bueno,* es decir, tener parte en la bondad. El alma, sin embargo, no es buena, sino que es la bondad misma.

Desde el ánimo, y de hecho desde su más profundo anhelo, hay una sucesión continua hasta el alma. La *salud* del ánimo y del espíritu se basa en que esta secuencia sea ininterrumpida, en que haya, por así decirlo, una concatenación constante desde el alma hasta las profundidades del ánimo. Porque el alma es aquello por lo que el hombre está en relación con Dios, y sin esta relación con Dios la criatura —pero el hombre en particular— no puede existir ni un instante. Por lo tanto, tan pronto como la concatenación se interrumpe, hay *enfermedad*, y de hecho la enfermedad del ánimo, especialmente cuando el anhelo triunfa sobre el sentimiento, que, por así decirlo, representa el alma en el ánimo. Así, 1) cuando la concatenación a través del sentimiento se interrumpe, surge la enfermedad del ánimo. 2) Si la concatenación a través del entendimiento se interrumpe, entonces tenemos el *sin sentido*. Las personas de este tipo suelen tener una gran fuerza de ánimo y una voluntad propia especialmente fuerte, que, sin embargo, al no estar guiada por el entendimiento, es inofensiva, y en realidad solo se preocupa por el placer y cosas similares. 3) Pero si la concatenación entre el ánimo y el alma se interrumpe, surge lo más terrible, la *locura*. En realidad no debería haber dicho *surge*, sino *emerge*. Para explicar esto, diré lo siguiente.

¿Qué es el espíritu del hombre? Respuesta: un ente, pero [surgido] desde lo no-ente, por lo tanto, [I,7, 470] el entendimiento [surge] desde lo carente de entendimiento. ¿Cuál es, pues, la *base* del espíritu humano en el sentido en que tomamos la palabra base? Respuesta: lo carente de entendimiento. Y como el espíritu humano también se relaciona con el alma como un relativo no-ente, [se relaciona] asimismo con ella como algo carente de entendimiento. La esencia más profunda del espíritu humano por lo tanto —NB. cuando se considera en la separación del alma y, por lo tanto, de Dios— es la *locura*. La locura, pues, no surge, sino que solo emerge cuando lo que es propiamente no-ente, es decir, lo carente de entendimiento, se actualiza, cuando quiere ser esencia y ente.

La base del entendimiento mismo, entonces, es la locura. De ahí que la locura sea un elemento necesario, pero solo que no debe salir a la luz, no debe actualizarse. Lo que llamamos entendimiento, si es real, vivo y activo, no es en realidad más que una locura *sometida a reglas*. El entendimiento solo puede manifestarse, mostrarse, en su opuesto, por lo tanto, en lo carente de entendimiento. Las personas que no tienen locura en ellos son hombres de entendimiento vacío y estéril. De ahí, el dicho invertido: *nullum magnum ingenium sine quadam dementia;* de ahí la locura divina de la que hablan Platón y los poetas. Es decir, si esta locura se rige por la influencia del alma, entonces es una locura verdaderamente divina, entonces [constituye] el fundamento del entusiasmo, de la eficacia en general. Pero en general, incluso el mero entendimiento, si solo es vigoroso, vital, en realidad es solo una locura dominada, mantenida, ordenada. Pero hay casos en los que ni siquiera el entendimiento puede hacer frente a la locura que duerme en lo más profundo de nuestra esencia. Así, incluso en el caso de un dolor intenso, el entendimiento no puede dar consuelo. En este caso, por lo tanto, cuando el espíritu y la mente están sin la suave influencia del alma, irrumpe la esencia oscura inicial, y también se lleva al entendimiento como un relativo no-ente en relación con el alma; la locura surge como un signo terrible de lo que es la voluntad en la separación de Dios.

Del mismo modo, el error surge cuando los poderes subordinados, el entendimiento, la voluntad, el ansia, el anhelo, quieren seguir por sí mismos, no someterse a lo superior.

La libertad real del hombre consiste precisamente en que el espíritu, por un lado, está sometido al alma y, por otro, está *por encima* del [I,7,471] ánimo. Según que el espíritu, es decir, la voluntad (pues la voluntad es de nuevo el espíritu en el espíritu) siga los impulsos de arriba, es decir, los impulsos del alma, o los impulsos de abajo, es decir, los impulsos de la voluntad propia, según que haga de lo inferior o de lo superior su principio, actúa también [de esta manera] el bien o el mal. Dado que la voluntad, por así decirlo, se pone sobre su propia base, está necesariamente alejada del alma y, por tanto, del bien; pero si se somete al alma, se aleja de su voluntad propia y, por tanto, del mal.

El alma, como absolutamente divina, en realidad no tiene más etapas en sí misma. Es el cielo interior del ser humano. Pero es capaz de establecer diferentes relaciones con lo subordinado y, por tanto, de expresiones muy variadas. El alma puede 1) relacionarse con lo *real* de las potencias subordinadas, es decir, con el anhelo y la fuerza de sí *[Selbstkraft]* o la voluntad propia. Este es el caso del *arte* y la poesía. El anhelo y la fuerza de sí son propiamente la herramienta en el arte. Aquí ambos se muestran enteramente libres, en su completa realidad, pero están subordinados al alma como debe ser. Sin fuerza propia ni profundo anhelo, respectivamente, surgen obras sin realidad; sin alma, obras sin ninguna idealidad. Lo más elevado del arte es la compenetración de lo ideal y lo real (la obra de arte completamente ideal y, sin embargo, tan real como una obra de la naturaleza —la inocencia es aquí restablecida).

El alma puede referirse 2) al sentimiento y al entendimiento, las dos potencias correspondientes en las dos primeras potencias. De ahí surge la ciencia en el sentido más elevado, es decir, la que está inspirada directamente en el alma, la *filosofía*.

Este es también el lugar para hablar de la esencia de la *razón*.

Generalmente se estatuye una antítesis entre entendimiento y razón. Esto es del totalmente incorrecto. Entendimiento y razón son lo mismo, solo que considerados de manera diferente. La razón también suele ser puesta como superior al entendimiento. Pero esto solo es el caso [I,7,472] en cierto sentido. En el entendimiento hay, evidentemente, algo más *activo*, actuoso, en la *razón* algo más pasivo, sumiso. De ahí que sea muy diferente que se diga de un hombre que es un entendido o un hombre racional. Si se dice de alguien que ha demostrado tener mucha razón, entonces siempre se quiere decir más que ha mostrado sumisión a motivos superiores en vez de que ha mostrado actividad. Puesto que, entonces, en la esencia de la razón hay evidentemente algo sumiso y pasivo, pero, por otra parte, el entendimiento y la razón solo pueden ser uno, tendremos que decir: razón no es otra cosa que el entendimiento en su sumisión a lo superior, el alma. Por lo tanto, también en la verdadera ciencia, la razón padece realmente, y el alma es propiamente activa. La razón es solo el receptor de la verdad, el libro en el que se escriben las inspiraciones del alma, pero al mismo tiempo también una piedra de toque de la verdad. Lo que la razón no acepta, lo que rechaza, lo que no permite que se grabe en sí misma, eso no se inspira en el alma, eso viene de la personalidad. En este sentido, es para la filosofía lo que el espacio puro es para el geómetra. Lo que es falso en la geometría, un concepto incorrecto, el espacio no lo acepta, lo rechaza; por ejemplo, un triángulo, en el que el lado mayor estaría opuesto al ángulo menor.

A todas las producciones pertenece también un principio oscuro; este es el material del que se extraen las creaciones de la esencia superior. Para la filosofía, este principio oscuro es el *sentimiento;* por lo que sin sentimiento ciertamente no se puede lograr nada, pero aun así no es lo más alto.

La verdadera filosofía consiste, pues, en el alma, la razón y el sentimiento, y así la filosofía ha llegado aquí a su propia construcción.

El alma puede referirse 3) a la voluntad y al ansia. Si estos están enteramente subordinados al alma y en constante relación con ella, no será [producida] la acción buena individual, sino más bien la constitución moral del alma o la *virtud* en el sentido más elevado, es decir, como [I,7,473] *virtus,* como pureza, excelencia y fuerza de voluntad. «Permite que el alma actúe en ti, o actúa absolutamente como un hombre santo», este es, en mi opinión, el principio más elevado en el que confluye la verdad de los distintos sistemas morales, el epicureísmo y el estoicismo. Kant solo tiene la expresión *formal* de este principio. «Actúa según el alma» significa tanto como: actuar no como un ser personal, sino de manera totalmente impersonal, no perturbar sus influencias [del alma] en ti mismo a través de tu personalidad. Lo más elevado de todas las obras de arte y ciencia surge precisamente del hecho de que lo impersonal actúa en ellas. En una obra de arte, por ejemplo, esto [lo impersonal] se llama objetividad, que en realidad solo pretende expresar lo contrario de la subjetividad. Esta objetividad se alcanza, según la expresión de mi hermano en un tratado sobre el alma, «por el verdadero artista en sus obras, el verdadero héroe en sus actos, el filósofo en sus ideas». Cuando se alcanza tal cumbre, se despoja de lo temporal y de toda subjetividad humana, y surgen obras de las que se querría decir que el alma sola las ha completado sin la ayuda del hombre. Lo divino solo se crea, se reconoce y se efectúa a través de lo divino.

Por último, el alma también puede actuar de forma totalmente pura, sin ninguna relación especial y de forma completamente incondicional. Esta actividad incondicional del alma es la *religión,* no como ciencia, sino como la dicha interior y más elevada del ánimo y del espíritu. La virtud, la ciencia y el arte están aquí todavía relacionados con la religión; de hecho, tienen una sola raíz con ella (aunque por esta razón no son todas *Una).*

El alma es el equivalente del A^3, pero el A^3 es el amor divino, en tanto que es el vínculo de la creación = identidad de lo no-ente y de lo ente, de lo finito y lo infinito. Por lo tanto, la esencia del alma es también el amor, y el amor es también el principio de todo lo que surge del alma. Se reconoce generalmente que un cálido soplo de amor debe insuflar y transfigurar la obra de arte. De las obras más bellas decimos que fueron hechas con amor, es más, que el amor mismo las hizo. También la ciencia, en su potencia más elevada, es una obra de amor y, por lo tanto, tiene derecho al bello nombre de la filosofía, es decir, el amor a la sabiduría. El hombre que ha nacido para ser filósofo siente en sí mismo el mismo amor que siente lo divino, es decir, [un impulso a] no dejar la naturaleza marginada y excluida en este rechazo, sino transfigurarla espiritualmente de nuevo en lo divino y fundir todo el universo en una gran obra de amor.

Así que hemos llevado al hombre a la cima más alta de la que es capaz en esta vida. Allí nos queda decir algo sobre el destino del hombre en una vida futura.

Todo lo que ha ocurrido hasta ahora solo ha pertenecido propiamente a la primera potencia. La verdadera segunda potencia comienza para el hombre solo después de la muerte. También aquí se procede de tal manera que se comienza con la vida; así que seguimos hablando, en primer lugar, de la *transición del hombre de la primera potencia de su vida a la segunda,* es decir, de la muerte.

La necesidad de la muerte presupone dos principios absolutamente *incompatibles,* cuya separación es la muerte. Incompatible no es lo contrario, sino lo contradictorio; por ejemplo, lo ente y lo no-ente no son incompatibles, pues van juntos; pero sí cuando lo no-ente como tal quiere ser un ente y hace que el verdadero ente se convierta en no-ente. Esta es la relación entre el bien y el mal. El conflicto del bien y del mal, sin embargo, es por supuesto por culpa del hombre *en general* y, por tanto, también independientemente y al margen del hombre. Esta contrariedad en la naturaleza, en la que el hombre participa a través de su cuerpo, hace necesario que el espíritu en esta vida no puede aparecer enteramente en su ser *[esse]*, sino en parte en su no-ser *[non-esse]*. El espíritu del hombre es necesariamente una cosa *decidida* (más o menos decidida, por cierto; entretanto, la indecisión [1,7,475] es en sí misma de nuevo decisión, es decir, querer el bien solo condicionalmente); de ahí que el espíritu del hombre es bueno o malo. Pero la naturaleza no está decidida; de hecho, su forma actual parece reposar en la constante contra-acción *(Gegenwirkung)* del bien y del mal, de modo que ya no sería la misma en absoluto, sino que perdería por completo sus cualidades si se le quitara el bien o el mal. Es cierto que la naturaleza se habría desmoronado hace tiempo por este conflicto interno si no fuera de origen posterior, si la escisión no fuera posterior a la unidad: ahora está separada, pero siempre se mantiene unida por la unidad original. Por lo tanto, puesto que en la naturaleza hay una mezcla de bien y de mal, también hay una mezcla similar en lo que el hombre tiene en común con la naturaleza, y [en] aquello a través de lo cual está en relación con ella —[tanto] en su cuerpo y en su mente (de ahí que el mal busque sobre todo destruir su ánimo, porque en él todavía hay un remanente del bien—). Por esta razón el hombre no puede aparecer totalmente en esta vida tal como *es,* es decir, según su espíritu, y surge una distinción entre el hombre exterior y el interior, entre el hombre que *aparece* y el hombre en cuanto *ente.* El hombre que es ente es el hombre tal como es según su espíritu; el hombre que aparece, en cambio, camina velado por la oposición de lo involuntario e inevitable. Su bien interior está oculto por el mal que se aferra a él por la naturaleza; su mal interior está velado y aun suavizado por el bien involuntario que tiene de la naturaleza. Un día, sin embargo, el hombre debe alcanzar su verdadero ser *[esse]* y liberarse del no-ser relativo *[non-esse].* Esto sucede en el sentido de que se transfiere [traspone] completamente a su propio A^2, y así no se separa de hecho de la vida física en absoluto, pero sí de *ella* [de esta vida particular]. En una palabra, a través de la muerte o de su transición al mundo espiritual.

Pero ¿qué sigue ahora al hombre en el mundo de los espíritus? Respuesta: todo lo que ya estaba aquí y solo queda lo que no era *él mismo*. Así que el hombre no se limita a ir con su espíritu, en el sentido más estricto de la palabra, en el mundo espiritual, [1,7,476] sino también con lo que en su cuerpo era *él mismo,* lo que en su cuerpo era espiritual, su *Daimon*. (De ahí que sea tan importante reconocer [1] que el cuerpo en sí mismo ya contiene un principio espiritual, [2] que no es el cuerpo el que infecta al espíritu, sino el espíritu el que infecta al cuerpo; el bien infecta al cuerpo con el bien, el mal con el mal de su espíritu respectivamente. El cuerpo es un suelo que acepta toda semilla en el que puede ser sembrado el bien y el mal. Así, el bien que el hombre ha cultivado en su cuerpo, así como el mal que ha sembrado en él, le siguen en la muerte).

La muerte no es, pues, una separación absoluta del espíritu del cuerpo, sino tan solo una separación del elemento del cuerpo que contradice al espíritu, por tanto, del bien del mal y del mal del bien (de ahí que lo que queda no se llame *cuerpo,* sino cadáver). Así, no una mera parte del hombre es inmortal, sino todo el hombre según su verdadero ser *[esse]*, la muerte [es] una *reductio ad essentiam*. Queremos llamar a la esencia que no permanece en la muerte —pues esta es el *caput mortuum*— sino que se forma, y que no es ni meramente espiritual ni meramente físico, sino lo espiritual de lo físico y lo físico de lo espiritual, para no confundirlo nunca con lo puramente espiritual, lo demoníaco. Así que lo inmortal del hombre es lo demoníaco, no una negación de lo físico, sino lo físico esencializado. Esto demoníaco es, por tanto, una esencia de lo más efectiva, de hecho mucho más *efectiva* de lo que es el hombre en esta vida; es lo que llamamos en la lengua vernácula (y aquí se aplica *vox populi vox Dei)* no es *el* espíritu, sino *un* espíritu; si, por ejemplo, se dice que un espíritu se ha aparecido a un ser humano, se entiende que se trata precisamente de este ser altamente real y esencializado.

En la muerte el hombre no se transfiere al A^2 absoluto o divino, sino a su *propio* A^2. El A^2 divino como absoluto es necesariamente también el bien absoluto, y en este sentido nadie es bueno sino solo Dios. Aparte de Él, el bien es solo aquello que, como no-ente relativo, tiene parte en lo ente; pero lo que se opone a este ente [I,7,477] es el espíritu del mal. El bien, entonces, al ser transferido a *su propio* A^2, es por supuesto también transferido al A^2 divino; pero el mal, cuando es transferido a su propio A^2, es por esa misma razón expulsado del A^2 divino, en el que aquí todavía tenía una parte por la mediación de la naturaleza. El bien se eleva por encima de la naturaleza, el mal se hunde incluso por debajo de la naturaleza.

Por lo general, uno se imagina al hombre en el estado después de la muerte como una esencia etérea, o, de forma bastante abstracta, como pensamiento puro y sereno. Pero más bien, como ya he dicho, el hombre es de hecho mucho más poderoso y, por lo tanto, también más efectivo que aquí. *Prueba:* a) toda debilidad proviene de la división del ánimo. Si hubiera un solo hombre en el que estuviera completamente erradicada [la división del ánimo], que solo tuviera lo bueno en sí, podría mover montañas. De ahí que también veamos que las personas que ya aquí llegan a lo demoníaco (y en el mal se llega a esta decisión con más frecuencia que en el bien) tienen algo irresistible en ellas; fascinan, por así decirlo, todo lo que se les opone, sobre todo si lo que se les opone tampoco es nada bueno, sino un mal, que ahora no tiene el valor ni la fuerza de mostrarse. Porque en todos los temas posibles el maestro resuelto y el virtuoso se impondrán al diletante y al charlatán. b) Precisamente porque algo accidental se mezcla aquí (en esta vida), lo esencial se debilita. Por eso el espíritu, liberado de este accidente, es pura vida y fuerza, el mal mucho más malo, el bien aún más bueno.

En cuanto a lo *particular* del estado interior, se sabe que se compara con el sueño, por lo que, por supuesto, el sueño se entiende como la extinción del estado interior por el predominio del estado exterior. Pero este estado debe considerarse más bien como un sueño despierto y un sueño despierto = clarividencia, por la que se produce una relación directa con los objetos, no mediada por los órganos [de los sentidos]. ¿Se aplica también esto al mal? Respuesta: también la oscuridad tiene su luz, así como lo ente tiene un no-ente en sí. Por cierto, la máxima oposición a la clarividencia es la *locura*.

[I,7,478] La locura, entonces, es el estado del infierno. Una pregunta concierne, pues, al estado de la facultad de la memoria. No se extenderá a todas las cosas posibles, ya que un hombre correcto haría mucho para poder olvidar en el momento adecuado. Habrá un olvido, un *lethe*, pero con un efecto diferente: el bueno, habiendo llegado allí, tendrá olvido de todo el mal y, por lo tanto, también de todo el sufrimiento y todo el dolor; el malo, en cambio, tendrá olvido de todo el bien. Por cierto, por supuesto tampoco será una facultad de la memoria como aquí; porque aquí debemos primero *internalizar* todo para nosotros mismos, allí todo *es* ya interior. El término «facultad de la memoria» es demasiado débil para esto. Uno dice de un amigo o de un ser querido, con los que uno era un solo corazón y una sola alma, uno los recuerda, viven constantemente en nosotros, no vienen a nuestro ánimo, están en él, y así será la memoria allí.

A través de la muerte, lo físico (en lo que es esencial) y lo espiritual se unen. Así que allí lo físico y lo espiritual *juntos* serán la base objetiva, pero el alma, solo en el caso de los bienaventurados, entrará como lo subjetivo, se convertirá en su sujeto propio, y esto implica que van hacia Dios, se conectan con Dios. La desdicha consiste precisamente en que el alma no puede entrar como sujeto a causa de la indignación del espíritu, de ahí la separación del alma y de Dios.

Al ser transferido a su propio A^2, el hombre es transpuesto así al mundo espiritual. Aquí la construcción del mundo espiritual encuentra su lugar. Así como hay una filosofía de la naturaleza, también hay una filosofía del espíritu. Sobre esto [diré] solo lo siguiente.

Al comienzo, cuando Dios separó lo real y lo ideal, tuvo que establecer lo ideal como un mundo propio. Así como en lo real estaba lo real, lo ideal y la indiferencia de ambos, así también en lo ideal, solo que todo bajo la potencia de lo ideal. Así que en lo ideal de Dios hay de nuevo algo que corresponde a la naturaleza, solo que es ella misma por completo ideal. Lo real en lo ideal, como acabamos de comprobar en el caso del hombre, es el *ánimo*. También en Dios hay un [1,7,479] ánimo, y este ánimo es de nuevo lo real en lo espiritual de Dios; se relaciona con el espíritu en Dios, con el ente absoluto, también como la primera potencia, la base, o el principio oscuro. El ánimo en Dios es la sustancia del mundo espiritual, al igual que lo real era la sustancia de la que procedía el mundo físico y de la que fue creado el hombre. Así, los espíritus puros son creados a partir del ánimo divino, y existe tan ciertamente un mundo espiritual, incluso independiente de los hombres, como un *mundo* natural. *Nosotros* recibimos nuestro ánimo de la naturaleza, los espíritus [reciben el suyo] de Dios mismo.

Puesto que de este modo también en los espíritus puros, que crean a partir del ánimo de Dios (que de nuevo es relativamente independiente del espíritu en Dios, es decir, de lo ente absoluto), puesto que, por lo tanto, también en los espíritus puros hay un relativo no-ente y un ente, *ellos* también son capaces de libertad, por lo tanto, también del bien y del mal. Así como fue la intención de Dios que a través del hombre, la criatura más elevada del mundo de la naturaleza, esta recibiera una conexión con el mundo de los espíritus, probablemente también fue su intención que a través de la criatura más elevada del mundo de los espíritus este recibiera una conexión con la naturaleza. Si esta criatura faltara, se produciría inevitablemente en el mundo de los espíritus la misma apostasía que en el mundo visible, e igualmente una separación de los espíritus buenos y malos. Sin duda, esa criatura suprema del mundo espiritual, que, como el hombre, estaba destinada por naturaleza a ser el señor del mundo, quiso ser el *señor* de este mundo sin Dios, por su propio poder, y así cayó. Por supuesto que ahora debe ser el más alto interés de este supremo espíritu creado hacer que este mundo se convierta realmente en el suyo propio separado de Dios, porque solo entonces podría esperar gobernarlo. Así, asumiendo que su caída precedió a la del hombre, su malicia tuvo que dirigirse contra el hombre, porque en él todavía existía la única posibilidad de que la naturaleza y el mundo de los espíritus se unieran, es decir, la posibilidad de que obtuviera su propio reino independiente de Dios, como pretendía. Como antes de la caída el hombre [1,7,480] estaba todavía en estrecha relación con el mundo espiritual, ese espíritu superior podía tener también una influencia efectiva sobre el hombre, más inmediata que ahora; pues ahora el hombre, tal como suele ser, es demasiado malo incluso para el diablo; lo *malo* es lo *mixto;* el mal propiamente dicho es algo puro en su género. Así, de forma aproximada, se podría hacer la explicación cristiana de la Caída.

Hasta aquí, pues, respecto de los habitantes originales del mundo espiritual, es decir, los que fueron creados en él. Ahora el mundo espiritual es también un mundo en otro aspecto, a saber, un sistema de objetos, y un sistema bastante parecido a la naturaleza. Porque en general la naturaleza y el mundo espiritual no son más diferentes que —para utilizar un ejemplo un tanto burdo, pero no por ello menos ilustrativo— el mundo de la escultura y el de la poesía, cuyas formas no aparecen visiblemente, sino que deben producirse de nuevo en cada uno por su propia actividad, por lo que solo son intuidos interiormente.

El mundo espiritual es la poesía de Dios, la naturaleza su escultura. En el ser humano surge un mediador, el drama visible, porque este representa simultáneamente sus creaciones espirituales en la realidad. Por lo tanto, la historia se ve mejor como una gran tragedia, que se representa en el escenario del luto de este mundo, para el que proporciona las tablas desnudas, aunque los actores, es decir, las personas que se presentan en ellos son de un mundo completamente diferente. En ese mundo todo lo que hay en este es solo de forma poética, es decir, espiritual y, por lo tanto, se puede comunicar mucho más perfectamente, también de forma espiritual (el espíritu es enteramente rostro y sentimiento). Ahí están los arquetipos, aquí las imágenes.

La conexión directa de la naturaleza con el mundo espiritual se ve efectivamente interrumpida por el hombre; no dejan de ser un solo mundo y de relacionarse entre sí al menos desde la distancia. Sigue existiendo una cierta simpatía entre ellos, como entre las cuerdas de diferentes instrumentos, en los que, cuando se toca una nota en uno, la cuerda correspondiente del otro resuena de manera simpática. Así, *esta* relación del mundo espiritual con la naturaleza continúa siempre, está fundada en la esencia del universo mismo, [I,7,481] es indisoluble. Y como el mundo espiritual en su conjunto está conectado con la naturaleza por un consenso armónico necesario, también lo están los objetos *individuales* del mundo espiritual y el mundo de la naturaleza. Así que también debe haber sociedades en el mundo de los espíritus que se corresponden con las del mundo [actual], solo que allí las cosas semejantes se unen a las cosas semejantes, pero aquí hay cosas mezcladas. Por lo tanto, la nación que más se ha distinguido de la mezcla, es decir, la que más ha excluido de sí misma el mal o el bien, es decir, la más piadosa y virtuosa o la más nefasta y viciosa tiene más poder, porque es la más demoníaca. Los pueblos en los que aún habita la libertad, la inocencia, la pureza de costumbres, la pobreza, es decir, la separación de las cosas de este mundo, están en relación con el cielo y el mundo espiritual bueno; aquellos en los que ocurre lo contrario, con el infierno.

Del mismo modo, cada hombre individual, dependiendo de si el bien o el mal que hay en él ha alcanzado una mayor pureza, está en relación con el mundo espiritual bueno o malo. A lo largo del proceso vital del género humano, el hombre se vuelve alternativamente receptivo y no receptivo al mundo espiritual en general. El hombre que ha separado puramente el bien del mal en su interior sería sin duda capaz de relacionarse con los espíritus buenos que se limitan a rehuir la mezcla, y que, como dice la Biblia en una ocasión, desean constantemente mirar en el misterio de la naturaleza externa, donde en realidad se está preparando el mayor misterio, a saber, la encarnación perfecta de Dios, de la que todavía solo ha tenido lugar el principio. De la misma manera, quien hubiera separado puramente el mal en sí mismo de todo el bien en sí mismo, estaría en relación con los espíritus malignos. Es incomprensible cómo se ha podido dudar de tal conexión. Vivimos bajo una inspiración constante; quien se cuida de ello la encuentra. Especialmente en los casos graves, al hombre nunca le faltan estas inspiraciones, y si no las tiene es por su propia culpa. El hombre nunca está completamente abandonado, y ante las muchas cosas tristes que cada uno experimenta, puede, sin embargo, estar seguro de que tiene amigos invisibles 1,7,482, una fe heroica que le hace capaz de hacer mucho, así como de padecer mucho.

Así como todo hombre tiene una conexión con el mundo espiritual, también cada cosa de la naturaleza tiene una conexión con el cielo a través de su lado bueno, y con el otro lado del mundo espiritual a través de su lado malo. Por lo tanto, el hombre no debe ser en nada más cuidadoso que en su trato con la naturaleza, pero especialmente con otros hombres. (Reglas dietéticas de los antiguos filósofos). El mundo espiritual no puede entrar en el actual a causa de su carácter mixto. Pero si se pudiera encubrir, expulsar o superar completamente lo bueno de una cosa, en este caso, los espíritus malignos podrían actuar en ella. Esta es la razón de la magia *negra* y de la brujería. Es suficiente ya respecto del mundo espiritual, y tal vez demasiado.

El mundo espiritual y la naturaleza deben unirse finalmente, la potencia superior de la vida realmente eterna y absoluta debe aún producirse. Las *razones* para ello son: 1) la dicha *espiritual* más elevada aún no es absoluta. Deseamos tener *algo* que no es *nosotros mismos*, como Dios tiene algo para contemplarnos en él como en un espejo; 2) la naturaleza está sin culpa sujeta al estado actual (pasaje de Pablo), anhela la unión; 3) así también Dios de nuevo [anhela] por la naturaleza. Él no dejará que quede para siempre como una ruina. 4) Todas las potencias deben ser realmente unificadas. Hasta ahora solo hay dos períodos: a) el presente, donde todas las potencias están ciertamente presentes, pero subordinadas a lo real; b) la vida espiritual, donde todas las potencias están también presentes, pero subordinadas a lo ideal. Habrá, por tanto, una tercera, la c), en la que todos se subordinan a la identidad absoluta, por lo que lo espiritual o ideal no excluye lo físico y real; donde ambas se subordinan a la superior como comunes e igualmente válidas. Esta restauración es imposible, sin embargo, hasta tanto no se produzca la misma separación en la naturaleza. Pero en la naturaleza ocurre más lentamente, porque tiene una fuerza vital mucho más profunda. En esto, el hombre es un sacrificio a la naturaleza, así como la naturaleza fue primero un sacrificio a él. Debe esperar con su existencia perfecta a su análogo en la naturaleza. [1,7,483] Al final, por supuesto, debe llegar la crisis de la naturaleza, a través de la cual se decide la larga enfermedad. Toda crisis va acompañada de una expulsión. Esta crisis es la última de la naturaleza, de ahí [el concepto de] «el juicio final». Toda crisis, incluso en lo físico, es un juicio. A través de un proceso verdaderamente alquímico, el bien se separará del mal, el mal será completamente expulsado del bien, pero de esta crisis surgirá una naturaleza completamente sana, pura e inocente. En esta naturaleza pura no entrará nada más que lo verdaderamente *ente*, que solo puede ser un ente en su relación *correcta;* la naturaleza se liberará así de lo que es erróneamente ente, de lo no-ente. Por otra parte, lo no-ente, que se había elevado en ella a lo ente, se subordina ahora *a ella* como base, este no-ente o maldad se transfiere a lo más profundo *por debajo* de la naturaleza, y, como esta, es ya el egoísmo divino mitigado, que se hunde en el fuego consumidor de la misma, es decir, en el infierno. Después de esta última catástrofe, por lo tanto, el infierno sería el fundamento de la naturaleza, como la naturaleza es el fundamento, la base del cielo, es decir, de la presencia divina. El mal ya no está presente en relación con Dios y el universo. Solo en sí mismo todavía está presente. Ahora tiene lo que quería, el ser completo en sí mismo, es decir, la separación del mundo general y divino. Se abandona a los tormentos de su propio egoísmo, al hambre de la adicción de sí.

A través de la separación en la naturaleza, cada uno de sus elementos recibe la relación más cercana y directa con el mundo espiritual. De ahí la resurrección de los muertos. El mundo espiritual entra en el real. Los espíritus malignos también reciben sus cuerpos del elemento del mal, los buenos del elemento del bien de ese quinto elemento, la materia divina.

El propósito final más elevado de la creación se cumple ahora, a) Dios completamente realizado, visiblemente corporal, así $A^3 / A^2 = (A = B)$, b) lo más bajo ha llegado a lo más alto (retorno), el fin en el [I,7,484] principio, solo que ahora todo es explícito lo que antes era implícito, c) especialmente el misterio de la *humanidad*. En el hombre los dos extremos están unidos. Por eso es más estimado ante Dios que los ángeles. El hombre es de lo más bajo y de lo más alto. La humanidad, que ya fue deificada por Dios encarnado, es ahora universalmente deificada, y a través del hombre, y con él, también la naturaleza.

Si queremos ser consecuentes, debemos volver a reconocer períodos o potencias en el *tercer* período. Pero estos están tan lejos de nuestro campo de visión espiritual como (para usar una imagen débil) la más lejana mota de niebla, ya no resoluble a través de ningún telescopio, excepto el nuestro corporal. Por lo tanto, incluso si todavía hay períodos aquí, deben ser colocados en un régimen sucesivo: a) de Dios vuelto hombre (tal vez todavía un dominio especial del mundo de la naturaleza y del de los espíritus, pero sin separación). b) Dominio del espíritu. c) Finalmente, todo se entrega al Padre. Tal vez sea así cuando el infierno también deje de ser y en estos períodos de la eternidad cae el retorno del mal, en el que debemos creer. El pecado no es eterno, por lo que tampoco lo son sus consecuencias.

Este último período en el último es el de la realización perfecta, es decir, de la encarnación completa de Dios, donde lo infinito se ha vuelto por completo finito sin ningún detrimento de su infinidad.

Entonces Dios será verdaderamente Todo en Todo y el panteísmo verdadero.

Fin de las *Lecciones Privadas de Stuttgart.*